O IMPOSTO AMBIENTAL

DIREITO FISCAL DO AMBIENTE

CLAUDIA DIAS SOARES
ASSISTENTE DA UNIVERSIDADE CATÓLICA DO PORTO
DOCENTE DO CEDOUA

O IMPOSTO AMBIENTAL
DIREITO FISCAL DO AMBIENTE

ALMEDINA

TÍTULO:	O IMPOSTO AMBIENTAL DIREITO FISCAL DO AMBIENTE
AUTOR:	CLAUDIA DIAS SOARES CEDOUA
EDITOR:	LIVRARIA ALMEDINA – COIMBRA www.almedina.net
DISTRIBUIDORES:	LIVRARIA ALMEDINA ARCO DE ALMEDINA, 15 TELEF. 239 851900 FAX. 239 851901 3004-509 COIMBRA – PORTUGAL LIVRARIA ALMEDINA – PORTO R. DE CEUTA, 79 TELEF. 22 2059773 FAX. 22 2039497 4050-191 PORTO – PORTUGAL EDIÇÕES GLOBO, LDA. RUA S. FILIPE NERY, 37-A (AO RATO) TELEF. 21 3857619 FAX: 21 3844661 1250-225 LISBOA – PORTUGAL LIVRARIA ALMEDINA ATRIUM SALDANHA LOJA 31 PRAÇA DUQUE DE SALDANHA, 1 TELEF. 21 371269/0 atrium@almedina.net LIVRARIA ALMEDINA – BRAGA CAMPOS DE GUALTAR UNIVERSIDADE DO MINHO 4700-320 BRAGA TELEF. 253 678 822 braga@almedina.net
EXECUÇÃO GRÁFICA:	G.C. – GRÁFICA DE COIMBRA, LDA. PALHEIRA – ASSAFARGE 3001-453 COIMBRA Email: producao@graficadecoimbra.pt JANEIRO, 2002
DEPÓSITO LEGAL:	175469/02
	Toda a reprodução desta obra, seja por fotocópia ou outro qualquer processo, sem prévia autorização escrita do Editor, é ilícita e passível de procedimento judicial contra o infractor

Nota Prévia

O texto agora publicado corresponde à versão revista dos apontamentos que serviram de apoio à disciplina de Direito Fiscal do Ambiente do *Curso de Pós--graduação em Direito do Ordenamento, do Urbanismo e do Ambiente do Centro de Estudos de Direito do Ordenamento, do Urbanismo e do Ambiente (CEDOUA)* no ano lectivo 2000/2001.

CLAUDIA ALEXANDRA DIAS SOARES

ÍNDICE

I. A NOÇÃO DE IMPOSTO AMBIENTAL	9
1.1. As finalidades dos impostos ambientais	12
1.2. A finalidade não sancionatória do imposto ambiental	16
1.3. A capacidade recaudatória do imposto ambiental	20
1.4. O objecto do imposto ambiental	22
1.5. Os sujeitos do imposto ambiental	31
1.6. O cálculo da obrigação de imposto ambiental	42
1.7. Imposto ambiental e espécies de impostos	52
II. A RECEITA DO IMPOSTO AMBIENTAL	55
2.1. O duplo dividendo	56
2.2. Os subsídios	57
2.3. Os fundos ecológicos	64
III. A RESPOSTA DO IMPOSTO AMBIENTAL	67
IV. O IMPOSTO AMBIENTAL E A TAXA AMBIENTAL	75

I. A Noção de Imposto Ambiental

Um Estado fiscal não se limita a dirigir (*Steuerung durch Recht, Lenkungsrecht*) e a coordenar a economia através da intervenção e do estímulo, ele é também dotado de instrumentos de transformação e modernização das estruturas económico-sociais[1]. O princípio da democracia económica e social, enquanto "*impulso*", "exige positivamente ao legislador (e aos outros órgãos concretizadores) a prossecução de uma política em conformidade com as normas concretamente impositivas da Constituição"[2]. E o sistema tributário no seu conjunto representa um dos instrumentos de que o Estado dispõe para prosseguir as tarefas de que a Constituição o incumbe[3]. Instrumento esse que se mostra estrutural e funcionalmente adequado à realização dos direitos sociais[4], entre os quais se inclui o direito a um ambiente saudável[5].

O imposto, enquanto prestação patrimonial de carácter positivo (de *dare* ou de *facere*[6]) a favor de um ente público, para satisfação de fins públicos, independentemente de qualquer dever especial do credor da prestação e de qualquer vínculo anterior, isto é, unilateral, sem qualquer carácter de sanção e de acordo com uma norma legal impositiva[7], pode representar um mecanismo eficaz e eficiente de protecção ambiental, isto é, um meio de que o Estado se pode servir para exercer as funções preventiva, restauradora e promocional ("política

---

[1] GOMES CANOTILHO, *Direito Constitucional e Teoria da Constituição*, Coimbra, 1997, p. 327. Este autor diferencia entre funções de Estado de terceira ordem ("intervenções qualitativas na ordem económica existente"), funções de Estado de segunda ordem ("política de 'intervenção' e 'estímulo' com o fim de criar instrumentos de 'integração' necessários à organização capitalista da economia") e funções de Estado de primeira ordem ("manutenção de uma ordem-quadro para o exercício de liberdade política e económica") — *idem*, p. 326. Ver, ainda, CASALTA NABAIS, *O Dever Fundamental de Pagar Impostos*, Coimbra, 1998, p. 573.

[2] GOMES CANOTILHO, *Direito Constitucional...*, 1997, p. 328.

[3] GOMES CANOTILHO e VITAL MOREIRA, *Constituição da República Portuguesa Anotada*, Coimbra, 3ª Ed. revista, 1993, p. 458.

[4] FICHERA, *Imposizione ed Extrafiscalità nel Sistema Costituzionale*, Napoli, 1973, pp. 55-56.

[5] Cf. artigo 66º, n.º 2 da CRP. A nível comunitário, a aceitação do uso de "disposições de natureza essencialmente fiscal" para proteger o ambiente está prevista no artigo 175º, n.º 2 do Tratado CE.

[6] SÁ GOMES, *As Situações Jurídicas Tributárias*, Cadernos de Ciência e Técnica Fiscal, N. 77, Lisboa, 1969, p. 60.

[7] Ver, neste sentido, entre outros, Acórdão da 2ª Secção do STA, de 10 de Fevereiro de 1983, Acórdãos Doutrinais do STA, Ano XXII, N. 257, pp. 579-595, p. 583.

ambiental estrutural")[8] que lhe cabem em relação ao ambiente, garantindo um "ambiente de vida humano, sadio e ecologicamente equilibrado" (artigo 66º, nº 1 da CRP) e promovendo uma igualdade real entre os cidadãos, como prescrevem as alíneas d) e e) do artigo 9º da CRP, de uma forma consentânea com o "aproveitamento racional dos recursos" (artigos 66º, nº 2, alínea d) e 81º, alínea m) da CRP) e com a "plena utilização das forças produtivas" (artigo 81º, alínea c) da CRP)[9]. Isso mesmo reconhece, desde a quarta revisão constitucional, a CRP no artigo 66º, nº 2, alínea h), quando incumbe o Estado de "[a]ssegurar que a política fiscal compatibilize desenvolvimento com protecção do ambiente e qualidade de vida", e no artigo 81º, alínea b), quando admite que a política fiscal é um dos instrumentos a que o Estado pode recorrer para o conseguir[10].

Em termos puramente económicos, o objectivo de um imposto ambiental é atribuir um preço ao que anteriormente não o tinha, o ambiente[11]. Porquanto, aquele representa uma variável de decisão privilegiada para a gestão do ambiente e para a avaliação do impacto da actividade humana sobre o ecossistema. Um tributo ecológico funciona, assim, como um preço. Pois, se as externalidades estão a ser produzidas num valor superior ao desejado, gerando poluição, numa economia de mercado isso quer dizer, adoptando uma perspectiva macroeconómica agregada (*top-down*), que o preço das emissões é demasiado baixo[12]. Visa-se, assim, atingir níveis socialmente desejáveis de oferta e de procura, atendendo quer à utilidade que o bem ou actividade poluente proporciona aos consumidores quer ao real custo de oportunidade dos mesmos[13].

---

[8] JIMÉNEZ HERNÁNDEZ, *El Tributo Como Instrumento de Protección Ambiental*, Granada, 1998, p. 36.

[9] Para maiores desenvolvimentos sobre o ambiente como fim do Estado, leia-se GOMES CANOTILHO, *Procedimento Administrativo e Defesa do Ambiente*, Revista de Legislação e Jurisprudência, Ano 123º, N. 3799, 1991, pp. 289 e ss., pp. 8-9.

[10] Este mesmo reconhecimento encontra-se, especificamente no domínio ambiental, nos artigos 23º, n.º 1, alínea e) e 24º, n.º 1, alínea c) da LBA.

[11] O meio ambiente é constituído por activos que têm um valor económico mas que por apresentarem um valor de troca nulo, apesar do seu elevado valor de uso, tendem a ser destruídos. Ainda que o benefício que se possa obter com o seu estrago seja muito inferior ao valor de troca que os mesmos deveriam integrar — CARBAJO VASCO, *La Imposición Ecológica en España. El Caso de la Fiscalidad de las Aguas*, Impuestos, N. 21, 1993, pp. 265 e ss., p. 268. Ver, para maiores desenvolvimentos, GONZAGUE PILLET, *Prix Non Payés en Écologie et en Économie de l'Environnement*, Revue Économique, Vol. 41, N. 2, Mars 1990, pp. 321 e ss., pp. 321-322. O que se visa com os impostos ecológicos é conferir às funções ambientais, tanto quanto seja possível, um preço "pagável".

[12] CARLOS LOBO, *Imposto Ambiental. Análise Jurídico-financeira*, Revista Jurídica do Urbanismo e do Ambiente, N. 2, Dezembro 1994, pp. 11 e ss., p. 45.

[13] PEREZ DE AYALA, *Introducción a una Teoria Economica del Coste Social como Fundamento de Responsabilidades Juridico-Privadas y de Obligaciones Tributarias*, Revista de Derecho Financiero y de Hacienda Pública Española, Vol. 17, N. 72, noviembre/diciembre 1967, pp. 1029 e ss., p. 1041.

Mas esta perspectiva economicista não deve fazer esquecer a importância que este instrumento assume na realização da justiça. Uma vez que através do seu uso não só se impede a imposição unilateral de custos por alguns membros da sociedade (os poluidores) a todos os demais, como também se garante que as condições de igualdade são reais e efectivas, removendo-se os obstáculos que as dificultem, contribui-se para o funcionamento eficiente dos mercados (artigo 81º, alínea e) da CRP) e assegura-se a equilibrada concorrência entre as empresas (artigo 81º, alínea e) da CRP). Assim, se, por exemplo, uma empresa suportou custos acrescidos para implementar um sistema de depuração das suas emissões poluentes, a imposição de um tributo à sua concorrente que não fez o mesmo e que, por isso, está em condições de colocar o seu produto no mercado a um preço mais competitivo é apenas justo[14]. Tal como é justo que se obrigue aqueles que mais contribuem para o actual nível de poluição a suportar uma parte proporcionalmente superior das despesas públicas a que tal degradação ambiental dá causa, como sejam, por exemplo, os gastos que o Estado realiza no sector da saúde. Um bem cujos custos estejam a ser parcialmente suportados pela sociedade no seu conjunto (externalidades negativas) é subvencionado, ficando o seu produtor em condição de o oferecer a um preço mais reduzido do que o de outros bens que, embora com as mesmas características, não beneficiem dessa ajuda. E se o preço de um bem poluente é reduzido, a sua procura vai ser mais intensa do que a dos seus substitutos. Uma forma de corrigir esta ineficiência e de repor as condições de igualdade será tributar o produto ao qual estejam associados custos externos[15]. Os tributos ecológicos, à semelhança do que acontece com os impostos fiscais, realizam a prevenção da desigualdade qualitativa, mais do que a eliminam.

É a finalidade que preside à criação do imposto, e não o seu facto gerador, que permite qualificá-lo como ambiental[16/17/18]. Pois, de outro modo, ou a sua

---

[14] Consulte-se ALONSO GONZALEZ, *Los Impuestos Autonómicos de Caracter Extrafiscal*, Madrid, 1995, pp. 42-43.

[15] Ver, neste sentido, entre outros, KLAUS TISCHLER, *Umweltökonomie*, München, 1994, pp. 30-31.

[16] Ver, neste sentido, CARBAJO VASCO, *Instrumentos Económicos para la Proteccion del Medio Ambiente: Tipologia, Fiscalidad y Parafiscalidad*, Revista de Derecho Financiero y de Hacienda Pública, Vol. 45, N. 238, octubre/deciembre 1995, pp. 963 e ss., p. 977, e AGGIE PAULUS, *The Feasibility of Ecological Taxation*, Antwerpen, 1995, pp. 51-52, que distingue entre "impostos ambientais", aqueles cuja primeira finalidade é a defesa do equilíbrio ecológico, e "impostos ambientalmente relevantes", aqueles cuja base de incidência se traduz numa realidade poluente. OCDE, *Taxation and the Environment. Complementary Policies*, Paris, 1993, p. 28, por sua vez, chama aos primeiros "impostos ambientais directos" e aos segundos, nos quais a maioria dos países parece concentrar a sua atenção, "impostos ambientais indirectos".

[17] A definição utilizada pelo EUROSTAT, *ATW-Research*, Vol. 2, Luxembourg, 1996, pp. 5-6, é, no entanto, fundada na base de tributação, e não na finalidade do gravame. Segundo o referido organismo comunitário, entende-se por eco-imposto aquele cuja "base tributável é

classificação como instrumento de defesa do ambiente estaria comprometida, devido à semente de potencial ineficácia que uma definição fundada nesse outro critério depositaria no seu seio, por ser perturbada a ideia de prevenção que deve presidir à abordagem ambiental, ou, *in extremis*, todos os impostos seriam ambientais, já que viver é poluir. Pode, assim, classificar-se como tributo ecológico um imposto cujo facto gerador não expresse directamente um acto de degradação ambiental (*v.g.*, aquele que grave a aquisição de gasolina ou de sacos de plástico)[19]. Tal como se pode negar o epíteto de ecológico a um imposto que, embora incidindo sobre realidades geradoras de dano ambiental, vise objectivos a-ambientais.

Entende-se, assim, por imposto ambiental todo o tributo que é aplicado a bens que provocam poluição quando são produzidos, consumidos ou eliminados ou a actividades que geram um impacte ambiental negativo, visando modificar o preço relativo daqueles ou os custos associados a estas e/ou obter receita para financiar programas de protecção ou de recuperação do equilíbrio ecológico.

1.1. AS FINALIDADES DOS IMPOSTOS AMBIENTAIS

Podem, então, identificar-se duas espécies de tributos ambientais: aqueles que prosseguem uma finalidade extrafiscal (*reine Lenkungssteuern*)[20] — incentivante, e aqueles que visam uma finalidade recaudatória (*reine Umweltfinanzierungsabgaben*) — redistributiva[21/22].

---

uma unidade física (ou algo que seja um sucedâneo dela) de um determinado elemento que se provou ser especialmente danoso para o ambiente quando usado ou libertado". A mesma definição é utilizada pela Comissão Europeia — COM(97) 9 final, de 26 de Março de 1997, p. 4. Ainda neste sentido, veja-se FRANCO OSCULATI, *La Tassazione Ambientale*, Padova, 1979, p. 1, que, no entanto, se limita a seguir a posição das referidas organizações internacionais sem a questionar.

[18] Note-se que não existe uma definição de "imposto ambiental" que seja unanimemente aceite (OCDE, *Environmental Taxes and Green Tax Reform*, Paris, 1997, p. 29). O que conduz a que, em determinados aspectos, se chegue a conclusões diferentes daquelas a que outros, partindo de uma diferente caracterização da figura em causa, chegam.

[19] JIMÉNEZ HERNÁNDEZ, "Hecho imponible o finalidad. Qué califica a un tributo como ecológico?", in A. Yábar Sterling (direc.), *Fiscalidad Ambiental*, Barcelona, 1998, pp. 369 e ss., pp. 373-374.

[20] D. GOSCH, *Juristische Beurteilung von Ökosteuern*, Steuer und Wirtschaft, 1990, N. 3, pp. 201 e ss., p. 207.

[21] Consulte-se, entre outros, OSCULATI, *La Tassazione...*, 1979, pp. 34-35, REINHARD HENDLER, *Umweltabgaben und Steuersaatsdoktrin*, Archiv des öffentlichen Rechts, 115. Band, 1990, pp. 577 e ss., pp. 581-585, e S. MAGLIA e M. SANTOLOCI, *Il Codice dell'Ambiente*, 7ª Ed., Piacenza, 1996, p. 2111. Também a Comunicação da Comissão anexa à Recomendação 75/436 (EUROATOM, CECA, CEE), JOCE n.º L 194 de 25 de Julho de 1975, pp. 1-4, ponto 4, reconhece aos tributos ambientais as duas funções referidas. CARLOS LOBO, *Impostos Ambientais*, Fisco, Ns. 70/71, Maio/Junho 1995, pp. 73 e ss., p. 85, parece, no entanto,

Designemos os primeiros, aqueles que visam directamente promover uma alteração de comportamentos[23][24], como impostos ambientais em sentido próprio, e os segundos, aqueles que têm como objectivo primeiro a obtenção de receitas a aplicar em projectos de defesa ecológica[25], impostos ambientais em sentido

---

esquecer a função incentivante dos impostos ambientais, apontando-lhes apenas os objectivos de realização de receitas e de internalização de custos. O imposto sueco sobre as emissões de óxido de azoto, cujas receitas são integralmente devolvidas aos contribuintes com base na sua produção de energia, e o imposto belga sobre produtos poluentes, que apenas grava aqueles bens para os quais existam no mercado substitutos mais ecológicos, são exemplos de gravames com um puro objectivo incentivante — P. EKINS (rel.), *Environmental Taxes & Charges. National Experiences & Plans. Report of the European Workshop Held at the EFILWC, Dublin, on 7-8 February 1996*, Luxembourg, 1996, p. 5.

[22] Os impostos ambientais podem, assim, reflectir a dupla natureza que está implícita no direito ao ambiente enquanto direito social (GOMES CANOTILHO e VITAL MOREIRA, *Constituição da República Portuguesa Anotada*, 1993, p. 348): por um lado, na sua faceta redistributiva, são aptos a disponibilizar ao Estado os meios necessários à realização daquele direito, por outro, na sua faceta incentivadora, fornecem aos agentes económicos o estímulo que actua no sentido de prevenir a sua perturbação. Leia-se, ainda, GOMES CANOTILHO, "Tomemos a Sério os Direitos Económicos, Sociais e Culturais", in *Estudos em Homenagem ao Prof. Doutor Ferrer-Correia*, Número especial do BFDC, 1991, Vol. 3, pp. 461 e ss., *inter alia*, pp. 479-480.

[23] COMISSÃO EUROPEIA, *La fiscalité dans l'Union Européenne. Rapport sur l'évolution des systèmes fiscaux présenté par la Comission*, COM (96) 546 final, ponto 5.2. A virtude destes impostos "reside não na sua capacidade de medir os 'custos' da poluição, mas na sua capacidade de fornecer um incentivo à mudança dos comportamentos no sentido socialmente desejável, sem congelar o avanço tecnológico nem eliminar um certo grau de liberdade individual" — S. BREYER, *Analysing Regulatory Failure: Mismatches, Less Restrictive Alternatives, and Reform*, Harvard Law Review, Vol. 92, N. 3, January 1979, pp. 549 e ss., p. 596. Ainda que, por motivos de índole económica e de equidade, esse estímulo à mudança tenda a ser efectivado através da internalização dos mencionados custos.

[24] Note-se que se abstrai do momento em que as motivações ecológicas começaram a presidir ao tributo. O que é relevante é que este seja efectivamente orientado pelas mesmas. Ao contrário do que faz S. LODIN, "Introduction", in *Environmental Taxes and Charges. Proceedings of a Seminar held in Florence, Italy, in 1993 during the 47th Congress of the International Fiscal Association*, The Hague, 1995, pp. 3 e ss., p. 4, que distingue entre impostos que são criados por razões predominantemente ambientais, quer se tenham também verificado, em segundo plano, motivos recaudatórios para a sua adopção ("environment plus tax") quer os mesmos contenham em si uma incapacidade recaudatória em potência ("environment minus tax"), e impostos que, embora tendo efeitos sobre o ambiente, não são introduzidos ou não são apenas introduzidos com intuitos ecológicos ("revenue plus taxes"), sendo, antes, olhados como fontes estáveis de receita, e nos quais os referidos motivos foram posteriores à criação, determinando ou não o seu reajustamento às novas preocupações ambientais, sejam estas reais ou fictícias.

[25] Será exemplo desta espécie de imposto ambiental o tributo que, a nível comunitário, já se considerou fazer incidir sobre o custo total dos pacotes turísticos, como forma de obter receitas a aplicar na preservação e recuperação do equilíbrio ecológico em zonas turísticas (tendo a região mediterrânica sido classificada como uma das três áreas prioritárias de acção). Ver, neste sentido, A. MARX, *Towards Sustainability? The Case of Tourism and the EU*, European Environmental Law Review, Vol. 6, N. 6, June 1997, pp. 181 e ss., p. 183. E, com uma classificação semelhante, W. KLUTH, "Protección del Medio Ambiente Mediante Tributos

impróprio. "Em sentido impróprio" porque se o objectivo é a captação de meios a utilizar na realização da política ecológica, eles serão, em princípio, tão "ambientais" quanto qualquer outro tributo que permita recolher meios financeiros para a prossecução do fim em causa[26]. Só se distinguindo o seu contributo para o equilíbrio ecológico do dos impostos fiscais em geral quando, sem deixarem de apresentar como primeira finalidade a captação de receitas, e não o estímulo à adopção de condutas mais sustentáveis, tenham por objecto situações ou actividades que causem dano ao ambiente, internalizando as externalidades. Esta espécie de tributos relega, assim, para segundo plano aquela que deve ser a principal via de tratamento do problema ecológico: a prevenção.

Ambas as modalidades permitem realizar uma internalização das externalidades e têm um efeito estimulante, ainda que em grau diverso[27]. Mas enquanto os primeiros, mais frequentes, visam recolher fundos a aplicar na despesa pública de natureza ambiental[28], operando, simultaneamente, uma redistribuição dos custos associados à defesa do equilíbrio ecológico por todos os sujeitos, em conformidade com a "quota-parte [de responsabilidade de cada um] nas despesas das medidas colectivas"[29], já que, apesar de todos serem

---

Ecológicos en la Republica Federal Alemana", in A. Yábar Sterling (direc.), *Fiscalidad Ambiental*, Barcelona, 1998, pp. 189 e ss., p. 191, que adopta o mesmo critério de identificação, entendendo como tributo ambiental *lato sensu* "todas as prestações pecuniárias de direito público (...) que sirvam, directa ou indirectamente, para realizar objectivos de política ambiental" e como tributo ambiental *stricto sensu* "tributos extrafiscais dirigidos a orientar aquelas condutas de produtores e consumidores que incidem sobre o meio ambiente".

[26] Não concordamos, pois, com T. ROSEMBUJ, "Tributos ambientales", in A. Yábar Sterling (direc.), *Fiscalidad Ambiental*, Barcelona, 1998, pp. 43 e ss., p. 55, quando afirma que "[a] prioridade do tributo ambiental (...) consiste na *recaudação*, dentro do marco tributário regular e ordinário, para a aplicação ou a prevenção do risco, do dano da saúde do cidadão, em suma, do 'mal' ambiental". E é exactamente no princípio da acção preventiva (artigo 174º, n.º 2 do Tratado CE), a que ROSEMBUJ, *ibidem*, recorre para fundar a sua posição, que nos baseamos para defender que o imposto ambiental em sentido próprio deve visar, antes de mais, promover a mudança comportamental, isto é, deve agir no ponto mais a montante do processo de produção do dano ecológico — a formação da vontade do potencial agente contaminador — e da forma mais imediata possível. Na preservação do equilíbrio ecológico, deve ser, pois, a finalidade extrafiscal a mais relevante, actuando a finalidade fiscal como sua auxiliar, e não o inverso, como defende ROSEMBUJ, *ibidem*. Não podemos também concordar com ROSEMBUJ, *idem*, p. 57, quando afirma que a finalidade extrafiscal é provisória. Porquanto, nalguns casos, ainda que um imposto ambiental se mostre eficaz, reduzindo a agressão ecológica, pode ser necessário mantê-lo no sistema jurídico para dissuadir o retrocesso dos comportamentos.

[27] OSCULATI, *La Tassazione...*, 1979, p. 35.

[28] Impostos com um intuito recaudatório de âmbito geral, isto é, que se destinam a obter receitas para o Estado aplicar, indiferenciadamente, na realização de qualquer uma das suas funções, ainda que incidam sobre bens ou comportamentos insustentáveis, não podem ser denominados de ambientais. A sua apresentação como tal só pode ter como objectivo a busca de um apoio político para a sua cobrança através do engano do cidadão.

[29] Recomendação 75/436 (EUROATOM, CECA, CEE), JOCE n.º L 194 de 25 de Julho de 1975, pp. 1-4, ponto 4, alínea b).

poluidores, uns são-o mais do que outros[30]; os segundos pretendem, em primeiro lugar, "incitar o poluidor a tomar por si próprio, pelo menor custo, as medidas necessárias para reduzir a poluição"[31], escolhendo vias alternativas de actuação, ainda que o façam sem deixar de colher receitas, isto é, re(dis)tribuindo os custos da poluição.

Assim, os impostos ambientais em sentido próprio inserem-se numa linha de prevenção (do dano ambiental) e os em sentido impróprio visam a recuperação (do equilíbrio ecológico). Ambos constituem, então, instrumentos fundamentais da política ambiental. Os impostos ambientais em sentido próprio ao actuarem sobre os comportamentos, promovendo a sua alteração para moldes mais compatíveis com o ambiente, são determinantes para prevenir futuros danos no *continuum naturale*. Mas a política ambiental não pode também abdicar do uso de gravames ambientais em sentido impróprio. Uma vez que estes tributos, ao incidirem sobre bens ou comportamentos aos quais está associado um custo externo e uma procura inelástica, não só tornam possível ao Estado financiar-se de um modo menos distorçor para a economia do que lhe permite a tributação do trabalho, *e.g.*, como também sinalizam aos agentes económicos o sentido da evolução tecnológica desejado pela sociedade. Além de que a constituição de fundos ecológicos susceptíveis de financiar a recuperação do equilíbrio ambiental e a indemização das vítimas da poluição depende da existência desta espécie de imposto.

Mas não se pode abdicar da explicitação do objectivo que preside ao uso do instrumento em causa sob pena de ineficácia e ineficiência e de engano do contribuinte. Uma vez que um imposto ecológico que se diga "em sentido próprio" e que se vise "em sentido próprio" não pode estar limitado pela curva de Laffer, sob pena de nunca se vir a fixar a sua taxa em níveis susceptíveis de influenciar a alteração da conduta dos sujeitos passivos, distorcendo-se inutilmente o funcionamento da economia, no intuito de se manter o nível de receitas, sendo a potencial oposição dos contribuintes a um tal gravame entorpecida pela crença num resultado (isto é, a promoção do equilíbrio ecológico) que não passa de uma ilusão.

Ainda que não seja possível conceber um gravame ecológico que sirva apenas uma das referidas funções com exclusão absoluta da outra, o desenho destes intrumentos deve, no entanto, fazer-se tendo em atenção, predominantemente, uma das funções que eles são susceptíveis de prosseguir, e não as duas

---

[30] Para maiores desenvolvimentos, leia-se OSCULATI, *La Tassazione...*, 1979, pp. 115-122, que considera ser esta espécie de imposto ambiental o mais adequado sempre que o recurso a estratégias colectivas de eliminação das emissões poluentes, prosseguidas pelo Estado, se revele menos custosa do que a adopção pelos agentes económicos de medidas individuais de descontaminação.

[31] Recomendação 75/436 (EUROATOM, CECA, CEE), JOCE n.º L 194 de 25 de Julho de 1975, pp. 1-4, ponto 4, alínea b).

em simultâneo[32]. Uma vez que a intenção recaudatória exerce uma influência distorcedora sobre a configuração do imposto enquanto promotor da alteração de comportamentos[33]. Porquanto, um imposto que vise a obtenção de recursos tem como finalidade manter estável a receita cobrada, ao passo que um que se destine a estimular a adopção de atitudes mais sustentáveis terá a sua eficácia dependente da redução dessa ao mínimo possível, sendo, mesmo, o ideal uma receita nula.

1.2. A FINALIDADE NÃO SANCIONATÓRIA DO IMPOSTO AMBIENTAL

A atribuição de um carácter sancionatório aos "tributos ambientais" pode fazer perigar a sua classificação como verdadeiros impostos. Contudo, não parece correcto atribuir uma finalidade punitiva à figura que se define como "eco-imposto". Em primeiro lugar, chame-se a atenção para o facto de os tributos ambientais serem, em regra, pensados para situações lícitas. Eles incidem sobre realidades que a sociedade considera como necessárias. Por isso, a *racio* que preside à sua criação não é a mesma que aquela em que se fundam as sanções. São, antes, instrumentos que prosseguem fins diferentes dos visados pelas medidas sancionatórias[34/35]. Enquanto estas pretendem eliminar determinado comportamento, aqueles visam absorver os benefícios económicos que provêem de actos ilícitos[36] ou retrair atitudes indesejáveis, e não erradicá-las[37]. Intenta-se reduzir as

---

[32] B. JADOT, "Les Taxes Environnementales: Objectifs et Principes", in *Fiscalité de l'Environnement*, Bruxelles, 1994, pp. 9 e ss., p. 10, T. ROSEMBUJ, *Los Tributos y la Protección del Medio Ambiente*, Madrid, 1995, p. 209, EKINS (rel.), *Environmental Taxes & Charges...*, 1996, p. 10, e HERRERA MOLINA, "Desgravaciones Tributarias y Protección del Medio Ambiente (Análisis a la Luz de los Principios Constitucionales y del Derecho Europeo)", in Ana Yábar Sterling (ed.), *Fiscalidad Ambiental*, Barcelona, 1998, pp. 133 e ss., p. 140, não colocam, no entanto, qualquer objecção a que tal aconteça. HERRERA MOLINA, *ibidem*, introduz, contudo, uma precisão, afirmando ser possível uma norma realizar, simultaneamente, ambos os interesses quando o próprio princípio da capacidade económica sirva para incentivar a protecção ambiental. Também, entre nós, CASALTA NABAIS, *O Dever...*, 1998, pp. 266-267, distingue entre tributos ambientais orientadores e tributos ambientais fiscais ou financeiros, negando uma divisão tripartida entre tributos ambientais exclusivamente orientadores, tributos ambientais com objectivo financeiro e ecológico e tributos ambientais puramente financeiros.

[33] P. KIRCHHOF (direc.), *Umweltschutz im Abgaben- und Steuerrecht*, Köln: Dr. Otto Schmidt, Band 15, 1993, pp. 3, 8 e 9.

[34] Ver, neste sentido, entre outros, BAENA AGUILAR, *Protección impositiva del medio natural*, Noticias de la CEE, N. 12, 1995, pp. 11 e ss., p. 15, que, em comentário à afirmação de ALBIÑANA GARCÍA-QUINTANA, *Los Impuestos de Ordenamiento Económico*, Hacienda Pública Española, N. 71, 1981, pp. 17 e ss., p. 24.

[35] BAUMOL e OATES, *La Teoría de la Política Económica del Medio Ambiente*, Barcelona, 1982, p. 184.

[36] Este é um dos argumentos utilizados por SOARES MARTÍNEZ, *Direito Fiscal*, 7ª Ed., 1ª Reimp., Coimbra, 1995, p. 221, para defender a tributação das actividades ilícitas. Ver, em sentido contrário, SÁ GOMES, *Notas sobre o Problema da Legitimidade e Natureza da Tribu-*

actividades (causadoras de degradação ambiental) tributadas para os níveis que a sociedade considera como óptimos. Actividades económicas essas que a Constituição não autoriza que se proíbam, mas que não admite que se promovam nos moldes em que estão a ser desenvolvidas[38/39]. Com os gravames ambientais tenciona-se, pois, "atingir *finalidades públicas*, não sancionatórias, [mas desincentivadoras,] de que o imposto é instrumento"[40]. Assim, tais tributos não podem ter como efeito a inviabilização de todo um sector económico, por gravarem a totalidade do lucro que este aufere (*Erdrosselungssteuern*), mas já podem tornar economicamente inviável uma determinada empresa ou conjunto de empresas que integrem o sector em causa[41]. Pode, no entanto, vislumbrar-se nestes impostos, à semelhança do que acontece nas penas, uma função de prevenção, tanto geral como especial[42]. Pretende-se que os sujeitos económicos evitem o comportamento indesejável por perceberem que lhe está associada uma consequência (financeira) negativa.

Note-se, ainda, que o princípio no qual se funda o uso de instrumentos fiscais na protecção do ambiente, o PPP, tem um carácter essencialmente preventivo, e não sancionatório[43]. A inflexibilidade das sanções choca com o intuito estimulador da opção por vias alternativas de comportamento que é próprio dos tributos ecológicos[44]. Ainda que, algumas vezes, o imposto conduza à supressão da actividade nociva, por ela não ser ilícita não é seu objectivo puni-la, mas incentivar os sujeitos a desenvolver soluções que possibilitem a diminuição da sua danosidade ou a sua substituição por respostas mais desejáveis[45], *v.g.*, a

---

tação das Actividades Ilícitas e dos Impostos Proibitivos, Sancionatórios e Confiscatórios, Separata de Estudos — Comemorações do XX. Aniversário do Centro de Estudos Fiscais, Vol. II, Lisboa, 1983, pp. 26-27.

[37] Ver, neste sentido, entre outros, ALONSO GONZÁLEZ, *Los Impuestos Autonómicos...*, 1995, p. 654.

[38] Cf. artigo 61º, n.º 1 da CRP — a iniciativa económica privada pode exercer-se livremente, mas tem que ter em conta o interesse geral.

[39] ALONSO GONZALEZ, *Los Impuestos Autonómicos...*, 1995, pp. 28-29, fala a este propósito de tributos de "restrição moral".

[40] SÁ GOMES, *Notas sobre o Problema...*, 1983, p. 27.

[41] S. FRANKE, *Ökonomische und politische Beurteilung von Ökosteuern*, Steuer und Wirtschaft, 1990, Band 3, pp. 217 e ss., p. 224.

[42] Consulte-se VICENTE-ARCHE DOMINGO, *La Protección Fiscal del Medio Ambiente en la Unión Europea*, Noticias de la Unión Europea, N. 122, 1995, pp. 7 e ss., p. 15, que, no entanto, considera que os tributos desincentivadores só exercem uma função de prevenção geral, e nunca de prevenção especial.

[43] Ver, a este propósito, entre outros, HERRERA MOLINA, *El Principio "Quien Contamina, Paga" desde la Perspectiva Jurídica*, Noticias de la Unión Europea, N. 122, 1995, pp. 81 e ss., p. 82.

[44] Leia-se, entre outros, T. SCHELLING, "Prices as Regulatory Instruments", in Thomas C. Schelling (ed.), *Incentives for Environmental Protection*, Cambridge, Massachusetts, 1983, pp. 1 e ss., p. 7, e ALONSO GONZÁLEZ, *El Impuesto sobre la Contaminación Atmosférica de Galicia*, Revista Gallega de Administración Pública, N. 12, 1997, pp. 161 e ss., p. 167.

[45] Leia-se, a este propósito, F. MOSCHETTI, *El Principio de Capacidad Contributiva*, Madrid, 1989, pp. 291-292: "as intervenções de incentivo ou de dissuasão são legítimas

diminuição das emissões ou o aumento da eficiência dos processos produtivos no longo prazo. O objectivo prático que se tem em mente é o de desacelerar o ritmo de crescimento da concentração total de emissões numa determinada área, de um modo eficiente e susceptível de fornecer, simultaneamente, um incentivo à inovação socialmente proveitosa. O tributo confere ao sujeito um espaço de manobra que a sanção lhe nega.

Além disso, com os tributos ecológicos o Estado não está a fazer uso do seu poder de repressão ou da sua função de polícia, mas a actuar como defensor da qualidade de vida, exercendo o direito que lhe cabe sobre o património do cidadão para o obrigar a cumprir o seu dever de solidariedade[46], reflectindo a função social da propriedade e a subordinação de toda a riqueza do país ao interesse geral (artigo 61º, nº 1 da CRP). Os títulos de competência esgrimidos na sanção e no tributo são, pois, diferentes. O que dá origem a divergências entre os regimes jurídicos aplicáveis a cada um dos casos[47].

Por outro lado, a reacção punitiva a uma conduta antijurídica envolve, em princípio, a anulação do benefício auferido com a infracção. Porquanto, a ordem jurídica não pode permitir que *o crime compense*. O conjunto das penas principais e acessórias e a responsabilidade *ex delicto* devem promover tal eliminação. Pois, de outra forma, a função preventiva da sanção penal ficará por realizar[48/49]. Nos tributos ecológicos, à semelhança dos impostos em geral, apenas uma parte do benefício obtido com a prática da actividade indesejável será captada pela colectividade, sob pena de se verificar uma situação de confiscatoriedade, a qual é inconstitucional. Pode-se falar, assim, de uma "penalização económica" com um intuito de incentivo à alteração de comportamentos, mas não de uma "penalização jurídica". E é por os impostos ambientais não terem um carácter punitivo que esta última (quer na forma penal quer na forma administrativa) não

---

enquanto se limitam a tornar mais ou menos atractivas certas iniciativas económicas, modificando os termos de conveniência oferecidos pelo mercado, deixando, assim, uma liberdade substancial, ainda que condicionada, à iniciativa económica. Tornar-se-iam, por sua vez, ilegítimas se tivessem por consequência a impossibilidade prática de empreender ou manter determinadas actividades. Uma tributação levada ao ponto de retirar toda a conveniência e todo o incentivo que tutelasse de modo excessivo certos grupos de empresas em prejuízo de outras induziria, na prática, à saída do mercado e lesionaria a liberdade de iniciativa económica".

[46] Note-se que "Portugal é uma República (...) empenhada na construção de uma sociedade livre, justa e solidária" — artigo 1º, *in fine*, da CRP — e que incumbe ao Estado a obrigação de "[p]romover o aproveitamento racional dos recursos naturais, salvaguardando a sua capacidade de renovação e a estabilidade ecológica, com respeito pelo princípio da solidariedade entre gerações" — artigo 66º, n.º 2, alínea d) da CRP.

[47] VICENTE-ARCHE DOMINGO, *La Protección Fiscal...*, 1995, p. 16.

[48] *Idem*, p. 15.

[49] Segundo F. CARNELUTTI, *El Problema de la Pena*, trad. de Santiago Sentís Melendo, Buenos Aires, 1956, p. 24, a verdadeira relação entre pena e delito encontra-se "na eficácia eliminadora da primeira relativamente ao segundo (...). Reprimir significa, precisamente, actuar de modo a impedir que algo venha ao mundo ou permaneça nele".

está excluída quando mediante o facto gerador do tributo se haja produzido um dano ao ambiente, preenchendo-se a hipótese legal de uma norma sancionatória[50].

Diferente é a situação em que se altera a estrutura do imposto, agravando ou majorando este tendo em conta o não cumprimento pelo contribuinte de determinada obrigação acessória, mas sem que se verifique qualquer correspondência entre esse agravamento e a capacidade contributiva[51] ou poluente. *Verbi gratia*, a redução em cinquenta por cento do valor das despesas susceptíveis de serem deduzidas à matéria tributável por razões ambientais no caso de se verificar um atraso na apresentação dos documentos comprovativos do impacto ecológico positivo de determinado investimento. Aqui, sim, estará presente um intuito sancionatório, configurando-se uma "sanção imprópria". Este aumento da matéria colectável traduz-se numa sanção de natureza substancial correspondente a uma sanção penal e contraordenacional fiscal, violando o princípio da igualdade expresso na capacidade contributiva[52]. Mas tal já não acontecerá quando o agravamento tem por base a conduta insustentável do contribuinte. Pense-se, *e.g.*, no caso em que se nega ao sujeito passivo de IRC a possibilidade de deduzir as despesas que este realizou com a aquisição de combustíveis, quando a sua frota automóvel seja maioritariamente constituída por veículos não dotados de catalisador.

Enquanto a tributação se limitar a exigir impostos relativamente a manifestações de capacidade contributiva ela assumirá uma função tributária (*ius incidendi et collectandi*), e não uma função punitiva (*ius puniendi*)[53]. Mesmo quando se grave de forma mais intensa actividades ilícitas em relação àquelas que não o são, só estaremos perante uma sanção se o objectivo do legislador se traduzir não no seu mero desincentivo, mas na sua efectiva punição[54]. Os impostos ambientais em sentido próprio qualificam-se, assim, como impostos extrafiscais proibitivos, na medida em que são estatuídos para contrariar determinados comportamentos dos contribuintes, sendo tanto mais eficazes quanto menor for a receita que produzam[55]. Pois, limitam-se a actuar indirectamente, "como motivação desincentivadora do exercício da actividade tributada"[56], a qual é admitida pela ordem jurídica[57/58]. Enquanto as sanções, ainda que sejam igualmente

---

[50] HERRERA MOLINA, *El Principio...*, 1995, p. 84.
[51] CASALTA NABAIS, *Contratos Fiscais*, Coimbra, 1994, p. 280.
[52] CASALTA NABAIS, *O Dever...*, 1998, pp. 502-503.
[53] Ver, neste sentido, *idem*, p. 611.
[54] *Ibidem*.
[55] Sobre a noção de impostos proibitivos, consulte-se SÁ GOMES, *Manual de Direito Fiscal*, Lisboa, 1993, Vol. I., p. 67.
[56] SÁ GOMES, *Manual...*, 1997, Vol. I, p. 69.
[57] ALFREDO BECKER, *Teoria Geral do Direito Tributário*, São Paulo, 1963, pp. 555-556.
[58] Note-se que não é, contudo, a natureza lícita ou ilícita da actividade em causa que distingue o imposto da sanção, mas o modo como os fins do Estado são prosseguidos. Pois, um acto ilícito pode ser também objecto de normas tributárias. Uma vez que estas são alheias a qualquer valoração — SÁ GOMES, *Notas sobre o Problema...*, 1983, pp. 30-31.

deveres "preestabelecido[s] por uma regra jurídica do Estado utilizado[s] para impedir ou desestimular (...) um acto ou facto", se dirigem a situações proibidas pela ordem jurídica e fazem-no directamente[59].

Se os tributos ecológicos não tiverem como objectivo punir aqueles que retiram do património comum mais do que o que necessitam para o seu consumo eficiente, destruindo, então não estaremos perante uma sanção. Ora, parece que, atendendo ao princípio em que os mesmos se fundam — o PPP, é isso o que se verifica[60]. Pois, são objectivos de direccionamento comportamental (incentivo) e de obtenção de receitas, isto é, fins fiscais e extrafiscais, aqueles que justificam os tributos em causa, e não objectivos sancionatórios[61/62].

1.3. A CAPACIDADE RECAUDATÓRIA DO IMPOSTO AMBIENTAL

No que se refere à objecção de que os chamados eco-impostos não são verdadeiros impostos em virtude da finalidade que lhes subjaz, diga-se, ainda, o seguinte: estes instrumentos podem carregar em si uma "incapacidade recaudatória"[63], no sentido de não serem aptos a recolher um volume constante ou crescente e em montantes significativos de receita; mas nem sempre tal se verifica[64/65] e quando efectivamente ocorre nem por isso essas figuras deixarão de

---

[59] ALFREDO BECKER, *Teoria Geral do Direito Tributário*, 1963, pp. 555-556.

[60] " O Princípio do Poluidor-Pagador não é um princípio de equidade; ele não visa punir, mas introduzir no sistema económico os sinais apropriados a que os custos ambientais sejam incorporados no processo de tomada de decisão e, assim, permitir que se chegue a um desenvolvimento sustentado. O objectivo é evitar o desperdício de recursos naturais e colocar um ponto final à utilização gratuita da capacidade assimilativa do ambiente" — OCDE, *The Polluter-Pays Principle. OECD Analyses and Recommendations*, OCDE/GD(92)81, ponto 3.

[61] Entre os múltiplos autores que afastam expressamente o carácter sancionatório dos impostos ambientais, consulte-se SERRANO ANTÓN, "Justificación Técnico-jurídica de los Impuestos Medio-ambientales", in A. Yábar Sterling (direc.), *Fiscalidad Ambiental*, Barcelona, 1998, pp. 313 e ss., pp. 322-325.

[62] Por isso, não se pode afirmar que os tributos ecológicos são formas de prosseguir a mesma finalidade que, no direito civil, é servida pela sanção pecuniária compulsória (artigo 829º-A do CC) — forçar a cumprir, impondo ao sujeito recalcitrante um custo por não o fazer...e, simultaneamente, punir pelo atraso no cumprimento da obrigação. Além de que com a sanção pecuniária compulsória não se visa internalizar qualquer custo (leia-se, indemnizar qualquer dano), porque este pode nem existir ou, existindo, pode ser inferior ao valor fixado pelo tribunal — e.g., J. PRÉVAULT, *L´Astreinte ne Peut Courir que Contre Celui Qui n'a Pas Déjà Exécuté l'Obligation*, Recueil Dalloz, N. 30, 2 Septembre 1999, p. 438.

[63] Expressão utilizada por ALBIÑANA GARCÍA-QUINTANA, *Los Impuestos de Ordenamiento Económico*, Hacienda Pública Española, N. 71, 1981, pp. 17 e ss., p. 18.

[64] O imposto sobre o dióxido de carbono é disso um exemplo. A base fiscal deste tributo mostra-se estável ou, até, nalguns países, crescente. O mesmo se poderá dizer de um imposto sobre a energia, onde o efeito-substituição é reduzido devido à falta de alternativas. O gravame, ainda que não elimine a poluição, deve, no entanto, ser considerado ambientalmente eficaz, operando como um travão ou desacelerador do crescimento das refe-

ser impostos. Pois, se é verdade que quanto mais eficaz for o tributo ecológico que visa incentivar a adopção de comportamentos menos danosos para a sociedade menor será a receita obtida através dele, esta nunca chegará a ser nula. Uma vez que, por um lado, a actividade económica tributada é socialmente útil (senão seria proibida, e não meramente gravada por via fiscal), pelo que não desaparecerá, e as possibilidades de substituição de comportamentos poluentes por não poluentes são limitadas[66]. E, por outro, essa actividade, expressa por um qualquer acto de produção ou de consumo, tem inerente um certo grau de deterioração ambiental (ainda que este possa ser maior ou menor), por mais que a ciência avance na descoberta de técnicas e de tecnologias mais limpas e mais eficientes[67]. Mas não só a absoluta pureza ecológica das actividades económicas é impossível de alcançar, como também a necessidade de atingir patamares sempre mais elevados de compatibilidade ambiental sugere o progressivo incremento desta espécie de tributos. Porquanto, antecipa-se que o valor atribuído pela sociedade à qualidade ecológica se desloque num sentido ascendente, acompanhando a evolução dos níveis de rendimento[68]. Assim, estes gravames serão sempre capazes de gerar receita[69]. O que a não acontecer, então sim, vedaria a classificação destas figuras como impostos[70]. Outro problema diferente é o de saber qual o montante de receitas que os mesmos irão produzir e se esse volume será constante ou decrescente. O que tem relevância para efeito das decisões a tomar pelo Estado quanto ao modo de financiamento da sua actividade (por exemplo, se deve substituir todos os actuais tributos fiscais por impostos ecológicos ou se só o deve fazer parcialmente, e, se assim for, em que dimensão tal deve acontecer), mas já não para a classificação da figura em causa como um imposto.

ridas emissões poluentes, através do efeito-rendimento, e reflectindo o custo externo que lhes está associado. Ver ECKERSLEY, "Markets, the State and the Environment: An Overview", in Robyn Eckersley (ed.), *Markets, the State and the Environment: Towards Integration*, London, 1996, p. 30. Contudo, tal eficácia dependerá de o nível de tributação ser fixado em valores significativamente elevados.

[65] Um estudo feito pelo World Resources Institute concluiu, mesmo, referindo-se ao caso norte-americano, que as receitas fiscais totais poderiam aumentar se se transferisse o fulcro da tributação das actividades e bens socialmente desejáveis para aqueles que não o são — R. REPETTO, *Green Taxes: Their Environmental and Economic Benefits*, Occasional Paper Number 5, Australia, Monash University: Institute of Ethics and Public Policy, November 1993, p. 4.

[66] OCDE, *Environmental Taxes and Green...*, 1997, p. 8.

[67] ECKERSLEY, "Markets, the State and the Environment: An Overview", 1996, p. 28.

[68] OCDE, *Environmental Taxes and Green...*, 1997, p. 31.

[69] Leia-se, a este propósito, CASALTA NABAIS, *O Dever...*, 1998, pp. 578-579, que tenta corrigir o modo de olhar os impostos extrafiscais em geral relativamente à sua capacidade de gerar receitas.

[70] Ver, entre outros, CASADO OLLERO, "Los Fines no Fiscales de los Tributos", in *Comentarios a la Ley General Tributaria y Lineas para su Reforma — Homenaje a Fernando Sainz de Bujanda*, Madrid, IEF, 1991, Vol. 1., p. 125, e GONZÁLEZ GARCÍA, *Concepto Actual de Tributo: Análisis de Jurisprudencia*, Pamplona, 1996, p. 21.

[71] VICENTE-ARCHE DOMINGO, *La Protección Fiscal...*, 1995, p. 15.

1.4. O OBJECTO DO IMPOSTO AMBIENTAL

O imposto ecológico pode incidir sobre índices directos de riqueza que sejam o resultado — rendimento — ou o meio — património — de realização de uma actividade poluente[71], ou sobre índices mediatos de riqueza que se traduzam na utilização desta, quer mediante a transferência quer mediante o consumo de bens cuja produção, uso ou eliminação é susceptível de causar danos ambientais.

Para que o tributo ecológico seja coerente com os objectivos que persegue e não viole o princípio da equidade, terá que ter por objecto uma actividade ou uma situação que, além de manifestar capacidade contributiva, apresente uma ligação estreita com o dano ambiental e com a internalização das externalidades[72]. Só assim se verifica o requisito da necessidade. Pelo que deve existir uma conexão entre o facto gerador da obrigação fiscal e a base tributável, medindo esta o elemento material do primeiro[73/74]. E se o facto gerador é a perturbação do equilíbrio ecológico, em princípio, deve eleger-se como base do imposto não uma medida de riqueza, mas uma medida de contaminação, ou seja, deve escolher-se um parâmetro não monetário[75], requerendo-se uma medição de elementos físicos[76].

Pode escolher-se um parâmetro real (aquele que consiste numa dimensão directamente mensurável, como, por exemplo, a quantidade de combustível utilizado) ou um parâmetro teórico (aquele que se traduz numa dimensão que exige o recurso a processos técnicos para ser determinada a partir de um bem real, como, *v.g.*, a quantidade de combustível com um dado potencial de emissão de dióxido de carbono quando consumido)[77]. A primeira opção mostra-se a via

---

[72] Ver, entre outros, OSCULATI, *La Tassazione...*, 1979, p. 11, e JIMÉNEZ HERNÁNDEZ, *El Tributo Como...*, 1998, pp. 132-133. Segundo este último autor (*idem*, p. 159), nem toda a actividade contaminante pode ser objecto de um tributo ambiental, mas todo o imposto ecológico deve gravar situações poluentes.

[73] LUIS MATEO, *Análisis y Crítica de un Impuesto de Ordenamiento Moral*, Revista Española de Derecho Financiero, N. 40, 1983, pp. 343 e ss., pp. 350 e 352.

[74] ADAME MARTÍNEZ, *El Impuesto sobre Instalaciones que Incidan en el Medio Ambiente de la Comunidad Autónoma de Baleares*, Revista Española de Derecho Financiero, N. 79, 1993, pp. 433 e ss., pp. 456-457, considera que se deve distinguir entre uma teoria tradicional, segundo a qual a congruência entre o facto tributável e a base tributável seria uma exigência do princípio da capacidade económica, e uma teoria actual (talvez ainda por construir), em que tal relação não seria enquadrada por um rigoroso entendimento do referido princípio, "já que aí caberiam todos os impostos que não [o] contradicessem", ainda que não encontrassem nele a sua medida, como acontece com os impostos ambientais *stricto sensu*, mas seria articulada com base noutros princípios.

[75] Ver BAENA AGUILAR, *Protección Impositiva...*, 1995, p. 16, onde se lê: "o princípio contributivo deve apoiar-se, segundo a ideologia e a teologia destes impostos, no princípio da contaminação".

[76] VICENTE-ARCHE DOMINGO, *Elementos Cuantitativos de la Obligación Tributaria*, Revista de Derecho Financiero y de Hacienda Pública, N. 60, 1965, pp. 923 e ss., p. 945.

[77] VICENTE-ARCHE DOMINGO, *Elementos Cuantitativos...*, 1965, p. 944.

preferível em termos de simplicidade, garantindo uma mais eficiente gestão do tributo. Mas, por vezes, uma maior especificação permite auferir ganhos em termos de eficácia, e também de eficiência, ao evitar distorções inúteis da economia. Pois, se, *v.g.*, um determinado combustível dotado de uma potência energética semelhante à dos demais não é susceptível de provocar emissões, como se verifica no caso das chamadas "energias limpas", a sua tributação irá gerar custos acrescidos para a sociedade a que não corresponderão quaisquer benefícios (em termos ambientais). Mas devem gravar-se situações ou actividades que representem índices efectivos, e não meramente potenciais, de contaminação. Uma vez que só assim será fornecido um estímulo à adopção de comportamentos mais sustentáveis[78]. Quanto melhor a base tributável for capaz de reflectir a participação do sujeito no facto gerador, mais justo e eficaz será o imposto[79].

A eficácia do imposto ambiental depende também do seu direccionamento rigoroso ao problema a tratar. Se o aumento do imposto não incentiva os contribuintes a tentar reduzir a sua carga fiscal, através do abandono dos processos/ actividades poluentes, mas a diminuir a sua obrigação de imposto sem alterar o seu comportamento para com o ecossistema, o gravame introduzirá distorções desnecessárias e custosas nas decisões de produção e de consumo dos agentes económicos[80]. A base tributável serve, assim, para medir o esforço ecológico que deve realizar o agente económico para refrear a degradação ambiental[81]. A sua escolha deve ter em atenção, por um lado, as características do problema ecológico em causa e a possibilidade de se desencorajar o comportamento poluente através de medidas fiscais alternativas e de se relacionar o montante do imposto com a quantidade de dano e, por outro, o modo como a base de incidência e o nível de poluição são influenciados pelas técnicas produtivas e como o dano é influenciado pela localização, concentração e quantidade total de emissões[82].

Um gravame ecológico em sentido próprio deve eleger uma base tributável que se altere com a variação da sua taxa, ao contrário do que é desejável para um imposto ambiental em sentido impróprio. Um imposto cujo pagamento não possa ser evitado pelo sujeito passivo através da alteração do seu comportamento não será um bom tributo ecológico em sentido estrito. Porquanto, o seu efeito reduzir-se-á à produção de receita. Uma base de incidência inelástica, porque, *v.g.*, não se encontram disponíveis alternativas à prática do acto poluente, não

---

[78] BAENA AGUILAR, *Protección Impositiva...*, 1995, p. 16.

[79] Ver, para maiores desenvolvimentos, CORTÉS DOMÍNGUEZ, *El Principio de Capacidad Contributiva en el Marco de la Tecnica Juridica*, Revista de Derecho Financiero y de Hacienda Pública, Vol. 15, N. 60, diciembre 1965, pp. 988 e ss., p. 1042.

[80] S. SMITH, *"Green" Taxes and Charges: Policy and Practice in Britain and Germany*, London, 1995, p. 21.

[81] VAQUERA GARCÍA, *Fiscalidad y Medio Ambiente*, Valladolid, 1999, p. 175.

[82] OCDE, *Taxation and the Environment...*, 1993, pp. 53-57.

será, pois, adequada para um imposto ambiental em sentido próprio[83]. Mas em caso de existência de bens substitutos dos tributados que sejam igualmente poluentes, a eficácia destes gravames exige que a sua base de incidência abarque também estes últimos[84].

Além deste aspecto, é, ainda, aconselhável que a base de incidência de um tributo ecológico obedeça a determinadas características, como sejam a representatividade, a simplicidade e a aceitabilidade[85]. Por um lado, devem eleger-se como base de incidência os elementos poluentes mais significativos (em extensão da quantidade emitida), mais frequentes ou mais responsáveis pela degradação ambiental (em intensidade de dano por cada unidade emitida). Os elementos poluentes cuja presença em determinada espécie de emissões não seja homogénea representam, no entanto, uma dificuldade acrescida no desenho e gestão de um imposto ecológico. Por outro lado, deve encontrar-se uma base tributável que se mostre fácil de mensurar, buscando-se um equilíbrio entre o custo e a perfeição, e que se apresente como aceitável, isto é, que seja considerada como uma escolha justa e viável, quer para os poluidores quer para as vítimas da poluição.

Devido à multiplicidade de causas (traduzidas em diferentes variáveis com comportamentos díspares e evoluções dinâmicas) e de sujeitos responsáveis pela degradação ecológica e à diversidade de elementos ambientais afectados, é impossível desenhar um único instrumento capaz de lidar com todos os problemas em simultâneo. Há, então, que optar entre a tributação do *output* (produto final ou intermédio e emissões poluentes) ou do *input* (factores de produção) da actividade à qual estão associados os efeitos anti-ecológicos[86]. Uma opção que deve atender quer a critérios de eficácia — a segunda via desencoraja, por exemplo, o uso, ao longo do processo produtivo, de substâncias geradoras de dano para o ambiente, mas não resolve o problema das emissões contaminantes[87]

---

[83] Este aspecto foi tido em atenção, *v.g.*, na Bélgica, no desenho dos impostos ambientais sobre produtos poluentes — M. CLERCQ, "The Implementation of Green Taxes: The Belgian Experience", in EFILWC, *Environmental Taxes & Charges. National Experiences & Plans — Papers from the Dublin Workshop*, Luxembourg, 1996, pp. 45 e ss., p. 48.

[84] B. HANSJÜRGENS, *Umweltabgaben im Steuersystem. Zu den Möglichkeiten einer Einführung von Umweltabgaben in das Steuer- und Abgabensystem der Bundesrepublik Deutschland*, Baden-Baden, 1992, p. 59.

[85] OSCULATI, *La Tassazione...*, 1979, pp. 131-133.

[86] Leia-se FRANKE, *Umweltabgaben...*, 1994, p. 27.

[87] Ver MINISTÉRIO DAS FINANÇAS, *Estruturar o Sistema Fiscal do Portugal Desenvolvido*, Coimbra, 1998, p. 332, que refere, a este propósito, o exemplo da tributação dos combustíveis automóveis. Uma vez que um imposto com esse objecto, ao provocar um aumento do custo associado à utilização do veículo, desincentiva o uso deste, mas não estimula a instalação de catalizadores. Pelo que se sentiu a necessidade de proibir a venda de gasolina com chumbo, não tendo sido suficiente a disparidade entre a carga fiscal que gravava esta e a que incidia sobre a gasolina sem chumbo para destruir o mercado da mais poluente (a qual, em fins de 1998, mantinha, ainda, em Portugal, uma quota de mercado superior a 40 por cento). Note-se, contudo, que, mesmo que tal diferenciação tivesse sido bem sucedida, o problema das emissões de monóxido de carbono, que são extremamente prejudiciais à saúde, teria ficado por tratar.

— quer a considerações de praticabilidade. Porquanto, na escolha do elemento de conexão entre a base tributável e o dano ecológico, verifica-se uma relação de troca entre a eficiência, determinada pelos custos administrativos de implementação do gravame, e a eficácia, condicionada pelo maior ou menor grau de ligação entre a medida a adoptar e o problema a resolver. Assim, em regra, *v.g.*, os impostos sobre emissões, quando comparados com os que incidem sobre os produtos que as desencadeiam, apresentarão um maior custo administrativo, mas também uma melhor ligação com o montante de dano gerado, fornecendo, por isso, um incentivo mais direccionado à redução da poluição do que aqueles outros[88]. O equilíbrio entre estes dois elementos varia, no entanto, de caso para caso.

a) Tributação das emissões poluentes

A tributação directa das emissões poluentes mostra-se como a mais eficaz na prevenção do dano ecológico, só devendo ser preterida em favor da imposição de bens cujo uso no processo produtivo ou o consumo final desencadeie uma agressão ao ambiente quando se observe uma relação estável entre os referidos comportamentos e a ocorrência dos danos, a contabilização das emissões poluentes seja complexa, custosa ou impossível e a purificação destas seja inviável. Assim, apesar de se poder optar por tributar as externalidades ou o bem que as causa e de a primeira hipótese parecer ser a mais desejável, por vezes, levantam-se obstáculos que só a imposição do bem ao qual estão associados custos externos consegue ultrapassar. Na escolha entre uma base tributável que apresente uma conexão directa com a produção de emissões poluentes e uma outra em que essa ligação seja indirecta há, então, que atender à complexidade do problema ambiental em causa, ao facto de a preferência do legislador ser por um controlo baseado na quantidade ou por um que tome como referência os custos, às opções tecnológicas disponíveis, ao tipo de reacção que se deseja que os agentes económicos adoptem, à localização das fontes poluentes e à concentração das emissões.

Um imposto sobre as emissões poluentes pode assumir várias modalidades. Uma primeira hipótese consiste na imposição de cada unidade de custos externos produzidos. Outra possibilidade é a de se tributar as externalidades geradas acima de um determinado nível, o qual, em princípio, deverá ser fixado no ponto em que ocorre uma afectação óptima de recursos numa perspectiva paretiana. Nestas condições, quando se verifica uma situação de equilíbrio, o imposto cobrado é igual a zero. É também admissível um sistema em que o poluidor recebe um montante previamente definido por cada unidade de emissões elimi-

---

[88] Leia-se, a este propósito, o que escreveu CASALTA NABAIS, *O Dever...*, 1998, p. 622: "ao elaborar as leis fiscais, o legislador, há-de ter sempre a preocupação de autocontenção nas suas pretensões regulativas e perfeccionistas, de molde a que cada imposto seja exequível e praticável e o sistema fiscal funcione com coerência".

nada a partir de um determinado valor (imposto negativo). Esta opção traduz-se no pagamento de um subsídio, o qual é atribuído aos agentes económicos que melhorem o seu comportamento ambiental. O que significa que o valor de referência são as emissões poluentes geradas por aqueles no momento da criação do sistema. Isto equivale a reconhecer um direito sobre o ambiente aos poluidores[89].

Um imposto sobre emissões fornece um incentivo à adopção de técnicas de eliminação e de estratégias de prevenção das mesmas, estimulando o uso de processos produtivos mais sustentáveis[90]. E, por outro lado, provoca, de modo directo, um aumento do preço dos bens poluentes no mercado, favorecendo a posição competitiva dos seus substitutos mais "amigos do ambiente"[91]. Uma vez que a internalização dos custos das emissões poluentes nas actividades económicas que os geram provoca um incremento dos respectivos encargos privados, isto é, o custo privado vai aumentar na mesma proporção do custo externo.

No entanto, a aplicação de um imposto sobre emissões só será viável quando se consiga identificar as fontes poluidoras e medir as emissões geradas. O que afasta, desde logo, o seu uso nos casos de poluição difusa. Contudo, ainda que as referidas condições se verifiquem, a utilização deste instrumento continuará a ser desaconselhada se o número de substâncias poluentes visadas for muito elevado, por causa dos enormes custos administrativos que, neste caso, a sua gestão envolverá. Note-se que são, mesmo, os elevados custos de medição que, em regra, justificam que esta espécie de tributos não seja usada mais frequentemente quando é possível fazê-lo. Tenha-se, ainda, presente que nos casos em que é o uso de determinado bem que dá causa ao surgimento de emissões poluentes e a eliminação destas é mais custosa para a sociedade do que a substituição do bem em causa por outro menos danoso para o equilíbrio ecológico, um imposto sobre emissões não será a via mais eficiente de tratar o problema, sendo preferível que se grave o próprio bem[92].

Existe, por outro lado, um conjunto de factores que potencia o sucesso desta modalidade de imposto, tanto a nível de eficácia como de eficiência. São eles: a apresentação de diferentes custos marginais de controlo da poluição por

---

[89] Ver, sobre esta abordagem tricotómica do imposto sobre emissões, S. HOLTERMANN *Alternative Tax Systems to Correct for Externalities, and the Efficiency of Paying Compensation*, Economica, Vol. 43, February 1976, pp. 1 e ss., p. 10.

[90] Este foi um dos objectivos que presidiu, *v.g.*, à criação da *Abwasserabgaben* alemã — P. KUNIG, *Do Direito do Lixo para o Direito da Correcta Gestão dos Ciclos dos Materiais? Comentários Acerca da Legislação Alemã Sobre os Resíduos e a Sua Evolução*, RJDUA, N. 1, Junho 1994, pp. 95 e ss., p. 101.

[91] Veja-se OCDE, *Taxation and the Environment...*, 1993, p. 49. E. WEIZSÄCKER e J. JESINGHAUS, *Ecological Tax Reform. A Policy Proposal for Sustainable Development*, London, 1992, pp. 44-56, *v.g.*, consideram que um aumento significativo do preço da gasolina e do gasóleo teria como efeito uma conquista significativa de mercado por parte das energias renováveis, devido aos custos decrescentes que as economias de escala associadas à exploração destas permitiriam.

[92] OSCULATI, *La Tassazione...*, 1979, pp. 75-77.

parte dos vários agentes económicos e a existência de uma margem de manobra para a inovação tecnológica, para a alteração comportamental e para a redução das emissões.

b) Tributação dos bens associados ao dano ambiental

Constituindo a tributação das emissões uma solução viável apenas quando as fontes poluentes são em número reduzido e facilmente identificáveis, o legislador sente a necessidade de recorrer à imposição de bens ou situações que indiciam a produção daquelas[93]. Esta modalidade de tributo pode, então, ser especialmente útil no caso de poluição difusa[94] ou de emissões geradas por fontes móveis[95], em que a tarefa de medição e de controlo da agressão ambiental se mostra difícil ou impossível. Quando estão associados danos ecológicos à obtenção ou ao consumo de um produto e/ou à eliminação final do mesmo ou das suas embalagens, um imposto que incida sobre o próprio bem pode, assim, constituir uma forma de promover indirectamente a alteração dos comportamentos para moldes mais sustentáveis. Contudo, por vezes, a implementação desta espécie de impostos não só não se revela uma opção adequada, como se verifica no caso em que a origem da poluição está no uso de determinado factor produtivo e o que se grava é o produto final, e não o factor em causa ou as próprias emissões contaminantes[96]; como também não é suficiente para se atingir o objectivo visado, sendo, para isso, necessária, *e.g.*, a existência de bens substitutos daquele que é tributado que sejam menos danosos para o ambiente ou, *v.g.*, no caso de se tratar de resíduos, de um sistema colectivo de recolha organizado e de uma comunidade informada[97].

---

[93] Lembrem-se as palavras de Sousa Franco, *Finanças Públicas e Direito Financeiro*, 4ª Ed., 5ª Reimp., Coimbra, 1997, Vol. II, p. 159: "Muitas vezes as formas de tributação escolhidas são as possíveis, mais que as óptimas — pois estas ocasionariam grandes despesas, ou favoreceriam os desonestos face aos honestos nas declarações fiscais, ou determinariam tal fiscalização do Estado que, de 'Estado tributário', ele tenderia a tornar-se totalitário (…)".

[94] Como é o caso dos produtos químicos utilizados na composição dos fertilizantes agrícolas que escorrem dos solos e atingem os cursos de água. Nos países nórdicos, onde esta espécie de poluição tem sido objecto de grande cuidado, o custo dos fertilizantes e pesticidas é já determinado de forma significativa pelos gravames que incidem sobre estes bens ou sobre as suas matérias-primas. Por exemplo, na Dinamarca a carga fiscal sobre os fertilizantes representa cerca de 20 por cento do preço cobrado pelos fabricantes e na Noruega a mesma traduz, aproximadamente, 15 por cento do valor pago pelos consumidores — Sierra Ludwig, "La Traslación de Experiencias Fiscales Internacionales: Opciones y Dificultades Miméticas. Una Referencia a los Ámbitos Fitosanitarios y de Pesticidas", in A. Yábar Sterling (direc.), *Fiscalidad Ambiental*, Barcelona, 1998, pp. 215 e ss., p. 220.

[95] Pense-se, *e.g.*, na imposição dos combustíveis atendendo ao seu conteúdo de dióxido de carbono, como forma de reduzir as emissões desta substância realizadas por veículos automóveis.

[96] Para maiores desenvolvimentos, consulte-se C. Plott, *Externalities and Corrective Taxes*, Economica, Vol. 33, Ns. 129-132, February 1966, pp. 84 e ss., em especial pp. 84 e 87.

[97] Segundo Oberson, "Environmental Taxes on Products", in International Fiscal Association, *Environmental Taxes and Charges. Proceedings of a Seminar held in Florence,*

Um imposto sobre os factores produtivos (matérias-primas, matérias subsidiárias ou produtos intermédios) pode desempenhar a mesma função que um tributo sobre as emissões poluentes, quando a causa destas é o consumo desses factores. A prevenção das emissões pode, mesmo, revelar-se mais eficaz e menos custosa se tiver lugar em todos os níveis intermédios do processo produtivo, em vez de se centrar no momento final, aquando da medição daquelas. Além de que um gravame que tenha por objecto os factores produtivos age sobre a emissão de mais do que uma espécie de substância poluente, mostrando-se apto a dirigir-se, a um só tempo, a vários problemas ambientais, sem estar, sequer, dependente da mensuração das emissões[98/99]. Pode-se afirmar que é possível corrigir uma externalidade através de um imposto que não incide de forma directa sobre ela mas que tem por objecto um factor que está imediatamente associado à sua produção, na medida em que o nível desta é determinado pela quantidade em que o mesmo é consumido[100]. No entanto, quando esse factor não é o único a ser utilizado no processo produtivo em causa, esta tributação pode tornar-se complexa. Pelo que se deve optar por um gravame sobre a própria externalidade sempre que tal se mostre possível[101]. Estar-se-á, neste caso, perante uma abordagem que foca a sua atenção nas várias fases do ciclo de vida do bem, permitindo intervir em qualquer ponto dessa cadeia, sem necessidade de se realizar uma medição directa das emissões. O que potencia ganhos em termos de simplicidade e economia na gestão do sistema.

A base tributável, neste caso, pode traduzir-se numa proporção do custo de fabrico ou do preço de venda do produto que seja reflexo da componente contaminante que o bem integra[102]. Assim, *v.g.*, um imposto que grave as baterias

---

Italy, in 1993 during the 47th Congress of the International Fiscal Association, The Hague, 1995, pp. 73 e ss., p. 78, estes dois factores foram, *v.g.*, determinantes no êxito do imposto sobre sacos de plástico que foi introduzido no cantão alemão da Suiça, no valor de 1 franco suíço por cada saco, o qual conseguiu promover a redução em 30 por cento do nível de resíduos.

[98] OCDE, *Taxation and the Environment...*, 1993, p. 50.

[99] É também possível que um imposto sobre emissões grave a produção de mais do que uma espécie destas. Mas a acrescida dificuldade de gestão que está associada a um tributo com tais características implica maiores custos de administração.

[100] Esta relação está, *v.g.*, presente no imposto específico sobre o consumo de produtos químicos susceptíveis de destruir o ozono (ODCs) que, em 1989, os EUA introduziram através do Revenue Reconciliation Act — Secções 4681 e 4682 do Internal Revenue Code. O imposto cobrado por cada arrátel (0, 4536 quilogramas) de ODCs seria equivalente ao montante da base tributável multiplicado pelo factor de destruição do ozono que correspondesse ao químico em causa segundo uma tabela prevista na lei — Secção 4682, alínea b) do Internal Revenue Code. Ver, sobre o sucesso deste imposto, A. HOERNER, "Tax Tools for Protecting the Atmosphere: The US Ozone-depleting Chemicals Tax", in Robert Gale, Stephan Barg e Alexander Gillies (eds.), *Green Budget Reform*, London, 1995, pp. 185 e ss., pp. 191-195.

[101] Ver, neste sentido, HOLTERMANN, *Alternative Tax...*, 1976, p. 6.

[102] A opção mais comum é eleger como índice desta relação o peso da componente danosa para o equilíbrio ecológico que o bem em causa integra. Os impostos sobre pesticidas

automóveis por estas conterem cádmio, que é um material de elevada potência tóxica, poderia internalizar os custos ambientais que estão associados à referida substância. Para o efeito bastava que a sua base tributável fosse calculada através da multiplicação do encargo que cada unidade de cádmio impõe à sociedade pelo número destas unidades que cada bateria contém, ou, de um modo menos rigoroso, através da aplicação de uma taxa pré-definida (em cujo cálculo se tivesse atendido ao mencionado encargo) a um valor percentual do preço que reflectisse a quota-parte de cádmio que integra cada bateria. Um imposto sobre a energia ou sobre as matérias-primas deveria, pois, reflectir a capacidade de geração de emissões poluentes associada a cada unidade física do bem em causa[103/104]. O que permitiria descriminar entre substâncias mais e menos tóxicas, através, por exemplo, da distinção entre produtos biodegradáveis, recicláveis ou reutilizáveis e aqueles que não o são.

Um imposto com esta configuração só será eficiente caso seja fixado num montante diferente para cada poluidor, tendo em atenção o dano provocado por cada nova unidade produzida[105]. Um imposto uniforme sobre o produto final cuja obtenção gere emissões contaminantes, por sua vez, só será eficiente quando os diversos poluidores não apresentem custos privados e custos externos díspares entre si. Porquanto, de outro modo, um tal imposto atribui a cada empresa um custo externo que não coincide com aquele que ela efectivamente impõe à sociedade. Contudo, devido aos custos que uma imposição diferenciada envolve, o imposto sobre o produto assume, normalmente, a feição de um imposto uniforme, e não, como seria aconselhável, de um tributo calculado para cada poluidor, atendendo ao respectivo volume de produção e nível de dano. Pelo que cada um pagará um imposto que expressa não o custo em que a sua actividade faz a sociedade incorrer, mas a quantidade média de emissões geradas para produzir uma unidade de produto final, tomando-se como referência o conjunto

---

são disso um exemplo, ao gravarem estes produtos em função do nitrogénio e do fósforo, medidos pelo peso, que os mesmos contêm. Para maiores desenvolvimentos sobre os impostos desta espécie que vigoram, *e.g.*, na Noruega e na Suécia, ver OECD ENVIRONMENT DIRECTORATE AND DIRECTORATE FOR FINANCIAL, FISCAL AND ENTERPRISE AFFAIRS, ENVIRONMENT POLICY COMMITTEE e COMMITTEE ON FISCAL AFFAIRS TASK FORCE ON TAXATION AND ENVIRONMENT, "Eco-taxes in OECD Countries: a Survey", in International Fiscal Association, *Environmental Taxes and Charges. Proceedings of a Seminar held in Florence, Italy, in 1993 during the 47th Congress of the International Fiscal Association*, The Hague, 1995, pp. 99 e ss., p. 131.

[103] VAQUERA GARCÍA, *Fiscalidad y Medio Ambiente*, 1999, p. 180.

[104] A proposta comunitária para um imposto sobre o dióxido de carbono e a energia, por exemplo, segue esta orientação. Cf. artigo 7º da Proposta modificada de 10 de Maio de 1995, COM(95) 172 final.

[105] Assim, uma empresa dotada de uma estrutura ambiental mais agressiva do que aquilo que é a regra na indústria deverá suportar um gravame superior à média. Enquanto uma empresa que se caracterize por um especial respeito ecológico deverá estar sujeita a uma carga fiscal atenuada. Ver, para uma análise mais pormenorizada da questão, LESSER, DODDS e ZERBE, JR., *Environmental Economics and Policy*, Reading, Massachusetts, 1997, pp. 152-153.

da indústria. Empresas tributadas no mesmo valor podem, então, provocar custos externos diferentes. Não ocorrerá, por isso, uma afectação óptima da produção entre os diversos agentes económicos. O que representa para a sociedade um custo em termos de bem-estar.

Sendo a dimensão do dano causado ao ambiente o critério base de fixação do montante do gravame, um imposto uniforme sobre o produto final servirá para obrigar os produtores e os consumidores a suportar a totalidade do custo social, eliminando-se, assim, o excesso de produção, o qual poderá, então, ser o único desperdício causado pela existência de externalidades negativas que este tipo de imposto conseguirá anular. Efeito de incentivo que é comum às várias cambiantes que este instrumento pode assumir.

Teoricamente, este tipo de imposto visa encorajar a redução do consumo de bens com um impacto negativo sobre o ambiente ou o seu redireccionamento para outros produtos ecologicamente mais aceitáveis. Contudo, os exemplos que a experiência oferece mostram que a preocupação que tem presidido ao seu uso, tal como se verifica relativamente a outras modalidades de tributação ambiental, tem sido a recaudatória, e não a extrafiscal. Pelo que estes gravames têm sido fixados em níveis que tornam mais eficiente para o poluidor a via do pagamento do que a da mudança comportamental. Os recursos assim obtidos contribuem, no entanto, para resolver os problemas ambientais que o bem tributado, directa ou indirectamente, causa.

A possibilidade de incorporação deste tipo de instrumento nos sistemas fiscais existentes na maioria dos países ocidentais, quer sob a forma de impostos específicos quer de disposições do IVA, proporciona-lhe uma grande eficiência administrativa associada a uma probabilidade de fraude aceitável. O que explica que se recorra frequentemente ao seu uso, apesar do reduzido impacto que tem sobre os comportamentos. Note-se, ainda, que o seu potencial será maior no caso de produtos de forte utilização (quer por serem consumidos por muitos sujeitos, ainda que em pequenas quantidades, quer por serem consumidos em grandes quantidades, ainda que por poucos sujeitos), facilmente identificáveis, cuja procura se caracteriza por uma elevada elasticidade preço e para os quais existam substitutos menos poluentes. Quando estes não sejam oferecidos no mercado, a eficiência do tributo pode ser condicionada pelo facto de os consumidores optarem por continuar a adquirir o bem a um preço mais elevado, em vez de reduzirem a procura do mesmo. Nesta última hipótese, para que se realize uma efectiva pressão no sentido da mudança de comportamentos, a taxa do gravame tem que ser fixada num nível mais elevado do que aquele que seria necessário se se tratasse de um bem com uma procura elástica.

No caso de bens aos quais está associado um impacte ambiental negativo, pode, então, optar-se por tributar directamente os mesmos, gravando-os no acto de produção, troca ou consumo que os tem por objecto[106].

---

[106] Ver, *e.g.*, AMATUCCI, *L´Ordinamento Giuridico Finanziario*, 4ª Ed., Napoli, 1990, pp. 576-580.

Note-se que a tributação da titularidade de bens susceptíveis de gerar poluição não é aconselhável, por estar em causa um mero índice potencial de contaminação. E um imposto sobre o rendimento gerado por instalações poluentes não se mostra apto a internalizar correctamente as externalidades nem a fornecer um estímulo correcto aos agentes económicos, pela ausência de uma relação inevitável entre o dano ecológico associado ao exercício de uma actividade e a sua susceptibilidade de gerar lucro. Um imposto só será coerente se o seu facto gerador estiver em concordância com a finalidade que prossegue. Ora, nos casos que se acabou de referir, tal não acontece. Porquanto, não é oferecida qualquer oportunidade aos contribuintes-poluidores de proceder à alteração do seu comportamento para moldes mais sustentáveis, devido à ausência de alternativas de que estes dispõem para reduzir a sua obrigação fiscal de um modo que traga vantagens ao equilíbrio ecológico. Pois, nem o rendimento nem a titularidade, enquanto pressupostos de facto do imposto, implicam, *de per se*, qualquer degradação ambiental, sendo meros índices potenciais desta[107]. Pelo que, nestas hipóteses, o efeito incentivador não existe. Assim, a flexibilidade e o estímulo, qualidades que favorecem o uso de instrumentos económicos na protecção do ambiente face às demais abordagens do problema, não se verificam[108].

1.5. OS SUJEITOS DO IMPOSTO AMBIENTAL

a) O sujeito activo

O sujeito activo do imposto deve ser titular de uma dupla competência: competência para legislar em matéria ambiental e competência para tributar. E o princípio orientador manda que a decisão sobre a distribuição, estabilização e afectação dos bens colectivos seja tomada a nível central[109]. Verifica-se, por isso, em regra, a existência de um sistema de protecção jurídica de dimensão nacional contra agressões que se praticam a nível local. A atribuição de um papel de relevo às finanças locais na criação ou na gestão dos impostos ambientais pode, todavia, nalguns casos, não só permitir atenuar alguns dos factores que propiciam a degradação ecológica a nível local, como também reforçar a eficácia da intervenção ambiental e a autonomia constitucionalmente reconhecida aos entes locais. Não se deve, no entanto, abdicar da adopção das devidas cautelas para se evitar situações de injustiça e os efeitos negativos de um fenómeno de concorrência fiscal.

Parece que não se pode ignorar que a assumpção pelas finanças locais de um papel activo na defesa do ambiente é ditada tanto pela necessidade de se encontrar novas fontes de receita que satisfaçam, simultaneamente, os requisitos

---

[107] BAENA AGUILAR, *Protección Impositiva...*, 1995, pp. 16-17.
[108] JIMÉNEZ HERNÁNDEZ, *El Tributo Como...*, 1998, p. 144.
[109] W. OATES, *Fiscal Federalism*, New York, 1972, pp. 3-11.

de equidade, eficiência e simplificação e que reforcem os sentimentos autárquicos de empenho e de responsabilização[110], "com formas tributárias na lógica do princípio do benefício"[111], sendo a regressividade de uma tributação local assente no princípio do benefício compensada por um sistema fiscal nacional progressivo[112], como pelo princípio da máxima proximidade, descentralização e capacidade de gestão[113]. Além de que o recurso a impostos municipais[114] para resolver problemas de âmbito local é determinado pelo princípio da igualdade substancial e está em concordância com a responsabilização e a participação autárquica consagradas na Constituição[115]. Pois, o nível local apresenta uma maior capacidade de resposta à diversidade de capacidades assimilativas, de preferências ambientais, de características técnicas e de capacidades financeiras do que aquela que se pode observar num território nacional[116]. Note-se que a implementação de níveis de qualidade ambiental escolhidos em função de cálculos médios que atendam à diversidade de condições observadas em toda uma vasta área, isto é, o país, pode envolver um elevado grau de ineficiência, o qual será tanto maior quanto mais diversas forem aquelas condições e maior a uniformidade imposta. Assim, *v.g.*, impor num município onde se geram reduzidas quantidades de emissões poluentes de determinada espécie e onde as mesmas não representam um problema ecológico um gravame sobre efluentes com a mesma taxa que vigora num município onde tais emissões constituem uma situação grave envolverá um custo excessivo e desnecessário. Por exemplo, o imposto municipal sobre veículos deve ser fixado num valor mais elevado nas zonas urbanas do que nas zonas rurais. Outro modo de responder a esta diversidade consiste na diferenciação dos tributos criados a nível nacional. Mas esta opção desencadeia inevitáveis custos e complexidades suplementares[117].

---

[110] V. Irelli, *Corso di Diritto Amministrativo*, Torino, 1994, p. 143.

[111] Manuel Porto, *A Reforma Fiscal Portuguesa e a Tributação Local*, Separata do número especial do Boletim da Faculdade de Direito da Universidade de Coimbra — "Estudos em Homenagem ao Prof. Doutor Eduardo Correia" — 1984, 1988, pp. 17 e 33.

[112] Lobo Xavier, *As Receitas Regionais e as Receitas das Outras Parcelas do Território Nacional: Concretização ou Violação do Princípio da Igualdade?*, Direito e Justiça, Vol. 10, Tomo 1, 1996, pp. 171 e ss., p. 175.

[113] Rosembuj, *Tributos Ecológicos en el Ámbito Municipal*, Impuestos, 1996, Vol. 2, pp. 387 e ss., p. 394.

[114] Sobre a noção de impostos municipais, leia-se Casalta Nabais, *O Quadro Jurídico das Finanças Locais em Portugal*, Fisco, Ano IX, Ns. 82/83, Setembro/Outubro 1997, pp. 3 e ss., p. 10.

[115] Consulte-se, *v.g.*, Manuel Porto, *A Problemática do Défice dos Transportes Colectivos Urbanos de Passageiros: Apreciação e Sugestão de Soluções*, Boletim de Ciências Económicas da Faculdade de Direito da Universidade de Coimbra, Vol. 33, 1990, pp. 173 e ss., em especial p. 185, e Clavijo Hernández, "L´Autonomia Tributaria degli Enti Locali", in Andrea Amatucci (direc.), *Trattato di Diritto Tributario*, Padova, 1994, Vol. I, Tomo I, pp. 205 e ss., p. 207.

[116] Oates, *Fiscal Federalism*, 1972, pp. 19 e 34-35, e Paulus, *The Feasibility...*, 1995, pp. 84-86.

[117] Para maiores desenvolvimentos, leia-se Hansjürgens, *Umweltabgaben...*, 1992, pp. 211-217.

Também só se lhes for assegurado um financiamento específico e susceptível de evoluir com as necessidades sentidas, as entidades locais serão capazes de cumprir eficazmente as funções que se lhes reconhecem no domínio ambiental. Só assim se conseguirá evitar que as entidades locais se tornem elas mesmas poluidoras ou cúmplices dos poluidores. Porquanto, a necessidade de buscar fontes de receita e as exigências colocadas por outras políticas, como sejam, *v.g.*, as políticas de emprego e de desenvolvimento industrial, têm levado as autoridades locais a acolher unidades produtivas ou actividades económicas que, sendo proveitosas para o seu orçamento, têm associada uma considerável perturbação ambiental, criando, nomeadamente, um clima fiscal propício, ou, pelo menos, não desfavorável, às mesmas[118]. O que traduz um dos resultados do fenómeno de concorrência fiscal[119] que está associado à atribuição de competência tributária às autarquias territoriais.

As perdas de receitas que podem advir da concorrência fiscal retrai os municípios de adoptar posições de vanguarda na protecção do equilíbrio ecológico através do recurso a instrumentos tributários, levando-os a agir apenas em coordenação com os demais e, assim, ao ritmo do mais lento, leia-se, mais cauteloso em termos financeiros, numa perspectiva de curto e médio prazo, ou menos ambientalmente consciente. Um processo decisório de nível local pode, no entanto, gerar resultados profícuos. Por um lado, o facto de serem os beneficiários da qualidade ambiental a suportar os seus custos promove a adopção de um nível eficiente de defesa ecológica, na medida em que os sujeitos não se sentirão tentados a desperdiçar recursos, já que todos os meios aplicados representarão uma outra sua necessidade por satisfazer[120]. Por outro lado, essa concorrência fiscal pode favorecer o despique entre as autoridades de municípios vizinhos, e afastados, pela busca da solução mais eficiente e eficaz para os problemas locais[121]. Conseguindo-se, desta forma, prestar aos cidadãos a qualidade ambiental que eles desejam e pela qual estão dispostos a pagar, sem que isso implique uma marginalização ecológica dos mais pobres. Pois, continuaria a incumbir ao Estado a preservação de um patamar aceitável de qualidade de vida.

Hoje, as administrações locais representam já os principais agentes de intervenção e de financiamento no domínio dos serviços ambientais se tivermos em conta, no conjunto do orçamento das entidades em causa, o valor proporcional

---

[118] OCDE, *OECD Environmental Performance Reviews. Portugal*, Paris, 1993, p. 73.

[119] Sobre o fenómeno da concorrência fiscal entre jurisdições, leia-se, *v.g.*, B. ROBINSON, *Estratégia Fiscal na União Europeia: Os Impostos Indirectos Serão Efectivamente Preferíveis?*, Fisco, Ano IX, Ns. 80/81, Janeiro/Fevereiro 1997, pp. 67 e ss., pp. 68-69.

[120] W. OATES, "Un Enfoque Económico del Federalismo", in Juan Francisco Corona (ed.), *Lecturas de Hacienda Pública*, Madrid, 1994, pp. 403 e ss., p. 411.

[121] Leia-se, *v.g.*, G. STIGLER, "The Tenable Range of Functions of Local Government", in Joint Economic Committee, U.S. Congress, *Federal Expenditure Policy for Economic Growth and Stability*, Washington, DC, 1957, pp. 213 e ss., p. 216, OATES, "Un Enfoque Económico del Federalismo", 1994, p. 412, e ROSEMBUJ, *Tributos Ecológicos...*, 1996, p. 395.

dos recursos que são aí aplicados[122]. Os sectores onde essa preponderância é mais evidente são o da água, o dos resíduos e o das infra-estruturas[123]. Contudo, o valor das despesas realizadas pelas autoridades locais na prestação de serviços com impacto ecológico não é, ainda, claramente percebido. Uma vez que muitas das utilidades assim prestadas são classificadas noutras rubricas que não a de serviços ambientais[124]. Além de que o preço cobrado aos beneficiários desses serviços são, em regra, inferiores aos custos suportados com a sua prestação[125]. Ainda que a lei determine que nem os preços nem as tarifas fixados pelas entidades locais e relativos a serviços por elas prestados ou a bens por elas fornecidos devem ser inferiores aos custos directa e indirectamente suportados com essa prestação ou esse fornecimento[126], os métodos de cálculo utilizados acabam por gerar tal feição irrealista dos valores cobrados. Tradicionalmente, os impostos locais têm, no entanto, desempenhado um papel de recolha de fundos, sendo reduzida a experiência disponível em termos da sua utilização com fins intervencionistas[127]. Assim, ainda que os tributos locais possam desempenhar um reduzido papel de incitação, os mesmos são propícios a assumir uma importante

---

[122] Em 1989, um terço da despesa nacional na protecção do ambiente foi realizada pela Administração Central, 12 por cento pela Indústria e metade pela Administração Local (OCDE, *OECD Environmental Performance Reviews. Portugal*, 1993, p. 74), tendo esta última investido, no mesmo ano, aproximadamente, 8,6 biliões de escudos neste domínio. Em 1997, a Administração Local despendeu 101,2 milhões de contos (9 por cento mais do que no ano anterior) na gestão e protecção do ambiente; sendo 47,9 por cento dessas despesas realizadas na protecção do recurso água e 41,7 por cento na gestão de resíduos — INSTITUTO NACIONAL DE ESTATÍSTICA, *Estatísticas do Ambiente, 1997*, Lisboa, 1999, p. 31. Enquanto, no mesmo período, a Administração Central aplicou cerca de 53 milhões de contos no domínio em causa. O que representou um decréscimo de 8 por cento relativamente ao ano de 1996. Desse valor, 38,9 por cento destinou-se à protecção da biodiversidade e da paisagem, sector que absorveu a maior parte da despesa da Administração Central, sendo apenas de 24,7 por cento e de 3,7 por cento os recursos despendidos, respectivamente, na protecção do recurso água e na gestão de resíduos — INE, *idem*, pp. 29-30. A despesa da Administração Regional no ambiente aumentou 92 por cento em relação a 1996. Tendo esta investido 1,6 milhões de contos na promoção do equilíbrio ecológico, dos quais 39,8 por cento foram utilizados na protecção da biodiversidade e da paisagem e 36 por cento na protecção do recurso água — INE, *idem*, p. 30.

[123] Na Bélgica, por exemplo, o montante de recursos utilizados pelas colectividades locais no tratamento das águas ultrapassou, a partir do começo dos anos oitenta, o valor de metade do orçamento ambiental daquelas — DRUMAUX, VANDERMOTTEN e VERCHEURE, *Finances Publiques et Environnement: le Cas de la Belgique*, Journal des Affaires Internationales, N. 3, 1985, pp. 105 e ss., p. 118.

[124] R. HERTZOG, *Finances Locales et Environnement quelques Réflexions sur un Couple Méconnu*, Revue Française de Finances Publiques, N. 10, 1985, pp. 23 e ss., p. 25.

[125] Em 1989, estimava-se que, em Portugal, apenas cerca de 2,5 por cento da despesa realizada pelas autarquias locais na gestão de resíduos urbanos era coberta por tributos pagos pelos residentes nas mesmas — OCDE, *OECD Environmental Performance Reviews. Portugal*, 1993, p. 47.

[126] Cf., por exemplo, artigo 20º, n.º 3 da Lei n.º 42/98, de 6 de Agosto.

[127] HERTZOG, *Finances Locales...*, 1985, p. 39.

função compensatória. Assim, as autoridades locais figuram entre os tendenciais ganhadores de uma reforma fiscal ecológica[128].

Mas será conveniente que se adopte alguma cautela. Pois, alguns obstáculos se levantam à entrega a entidades infra-estaduais da competência para promover o equilíbrio ecológico por via fiscal. Uma dessas dificuldades traduz-se no facto de o estabelecimento dos níveis de tributação tendo em conta apenas os benefícios e os custos que os residentes da respectiva área de jurisdição suportam conduzir os governos locais a implementar soluções ineficientes sempre que esses valores não se limitem às fronteiras da referida área, como será a regra, fazendo surgir os chamados "efeitos *spillover* interjurisdicionais"[129]. A maior permeabilidade das autoridades locais à pressão dos grupos de interesse pode constituir um outro factor de desincentivo à localização aí do fulcro da fiscalidade ambiental. Outro aspecto a ter em conta traduz-se no facto de, frequentemente, a dimensão local ser demasiado reduzida para tornar um determinado projecto economicamente viável. Por outro lado, a limitação orçamental a que as autoridades locais se encontram sujeitas pode levar a que os investimentos que estas realizem em projectos de promoção da qualidade ambiental fiquem aquém do que se mostra necessário[130]. O mesmo pode acontecer em relação às competências técnicas que estão disponíveis a nível infra-estadual[131]. Além de que se é verdade que a maior visibilidade que está associada à prossecução de um objectivo ambiental através do recurso a um gravame local (cujo sacrifício financeiro para o contribuinte é percebido de forma mais directa e imediata do que o de um imposto de âmbito nacional, cuja cobrança e aplicação dos recursos obtidos se dilui no OGE), por um lado, apresenta a vantagem de tornar o poluidor mais consciente das externalidades a que dá causa, estimulando de forma activa a mudança comportamental, assim como a de proporcionar o empenhamento e a responsabilização dos autarcas pela "boa gestão das receitas que os cidadãos lhes confiram"[132] e pela resolução dos problemas que integram

---

[128] D. GEE, "Economic Tax Reform in Europe: Opportunities and Obstacles", in Timothy O`Riordan (ed.), *Ecotaxation*, London, 1997, pp. 81 e ss., p. 103.

[129] W. HIRSCH, *The Economics of State and Local Government*, New York, 1970, pp. 9-10, define *spillover* como "o impacto resultante das actividades duma jurisdição sobre as jurisdições vizinhas, impacto, esse, não resultante das relações de mercado", o qual pode assumir uma forma tecnológica, quando é a quantidade de produto final que outras entidades podem obter a partir de um conjunto de recursos que é afectada, ou uma forma monetária, quando a quantidade de produto final obtida não é afectada, mas ocorrem ganhos ou perdas devido à alteração no preço dos bens finais ou dos factores de produção.

[130] Leia-se, a este propósito, referindo-se ao problema do saneamento, AMÍLCAR AMBRÓSIO, "Ambiente e Indústria", in INA, *Direito do Ambiente*, Lisboa, 1994, pp. 117 e ss., p. 125: "E como os autarcas nem sequer têm dinheiro para resolver o problema da zona urbana, nem querem saber da parte industrial".

[131] R. HAHN, "Economic Prescriptions for Environmental Problems: Lessons from the United States and Continental Europe", in Robyn Eckersley (ed.), *Markets, the State and the Environment: Towards Integration*, London, 1996, pp. 129 e ss., p. 152.

[132] MANUEL PORTO, *A Reforma Fiscal...*, 1988, p. 16.

as suas incumbências. Também não se pode esquecer que, por outro lado, essa visibilidade pode contribuir para gerar uma maior oposição à medida fiscal em causa. Verifica-se, no entanto, que os sujeitos tendem a aceitar mais facilmente um encargo quando o mesmo se justifica pela necessidade de melhorar as condições do meio em que se inserem do que quando aquele tem por objectivo a criação de utilidades que não lhes aproveitam de forma imediata.

O empenhamento das finanças locais na defesa ambiental através do uso de instrumentos tributários poderá, assim, funcionar, em alguns casos, como um método com implicações similares às que emergem da consignação de receitas — a promoção da eficiência e da responsabilização democrática —, mas sem uma das principais desvantagens que são apontadas a esta técnica — a inflexibilidade financeira[133], ao permitir a coincidência mais rigorosa dos beneficiados com as prestações públicas com os onerados com o financiamento destas e dos causadores dos problemas com os responsáveis pela sua eliminação.

b) O sujeito passivo

Segundo o PPP, deve ser o próprio acto contaminante o facto gerador do imposto, para, assim, se considerar como sujeito passivo aquele que perturbou o equilíbrio ecológico. Seria, pois, o agente contaminador que fisicamente praticou o acto causador de poluição quem deveria assumir a qualidade de sujeito passivo na relação tributária originada pelo acto em causa. Pelo que é necessário especificar de forma rigorosa o facto gerador, para não ser senão o agente económico responsável pela degradação ecológica aquele a quem o tributo se dirige. A situação ideal será aquela em que as qualidades de sujeito passivo e de contribuinte de facto são assumidas pelo poluidor. Mas, por vezes, é necessário optar por outra solução, devido, essencialmente, a quatro ordens de motivos: à complexidade em identificar quem é o agente que causa danos ao ambiente, pelos efeitos difusos e longínquos, quer no tempo quer no espaço, dos resultados em relação às suas fontes geradoras[134], ao fenómeno da repercussão fiscal[135], aos custos administrativos de implementação e gestão de um sistema óptimo e a razões de natureza económica ou social. Pode, no entanto, acontecer que o facto gerador seja não um acto contaminante em si mesmo, mas uma actividade ou situação que esteja directamente relacionada com ele[136]. Pense-se, *v.g.*, na imposição do consumo de sacos de plástico.

---

[133] ROSEMBUJ, *Tributos Ecológicos...*, 1996, p. 397.

[134] Ver, entre outros, MANUEL TOMÉ e MANUELA FLORES, "Sobre a Responsabilidade Civil por Factos de Poluição", Textos. Ambiente, Lisboa, 1994, pp. 35 e ss., p. 46.

[135] Para maiores desenvolvimentos sobre o fenómeno económico da repercussão fiscal, leia-se, entre outros, H. KIESLING, *Taxation and Public Goods. A Welfare-Economic Critique of Tax Policy Analysis*, Michigan: The University of Michigan Press, 1992, pp. 91-117, e, sobre a aplicação deste conceito ao domínio ambiental, SOUSA ARAGÃO, *O Princípio do Poluidor Pagador. Pedra Angular da Política Comunitária do Ambiente*, Studia Juridica, Coimbra, 1997, pp. 186-194.

[136] JIMÉNEZ HERNÁNDEZ, *El Tributo Como...*, 1998, p. 172.

É possível elaborar uma distinção entre dois planos: será poluidor directo ou material aquele que com a sua actividade física vai dar causa imediata às emissões poluentes e será poluidor indirecto ou moral aquele que beneficia com o exercício da actividade poluente ou que cria as condições necessárias ao desenvolvimento desta[137/138]. Qual deles deve suportar o imposto ambiental?

A atribuição de um significado económico, e não jurídico, ao PPP, tratando-o como um instrumento de imputação de custos externos, no sentido de transformar estes em mais um dos encargos de fabrico do bem cuja obtenção gera danos ambientais, determina que seja o comprador (consumidor final) do mesmo a suportar esses custos[139]. Pois, segundo a teoria económica, desde que haja procura há oferta[140] e só os bens para os quais existe procura são produzidos. O contribuinte de facto deve, assim, ser aquele que consome o produto ao qual estão associados efeitos poluentes, quer directamente, enquanto contribuinte de direito, quer indirectamente, através da repercussão descendente do tributo que outros intervenientes na cadeia económica realizem quando sejam eles os sujeitos passivos. Pois é ele o causador último da poluição, o seu responsável final ou o "primeiro poluidor"[141]. Assim consegue-se fornecer, de modo directo, um estímulo à redução do consumo do bem poluente ou à sua substituição por um produto susceptível de causar um impacto não tão negativo sobre o ambiente como aquele que está associado ao que é objecto de tributação. O que vai, indirectamente, incentivar os produtores deste a desenvolver e a aplicar soluções mais sustentáveis, quer recorrendo a novas técnicas e processos quer substituindo os factores produtivos utilizados, como determina o princípio da correcção na fonte. Mas também se pode dizer que é a produção, ainda que "limpa", que viabiliza o consumo poluente, isto é, que torna possível a degradação ambiental. Uma segunda interpretação possível do PPP, também de um ponto de vista económico, é a de que o contribuinte de direito deve ser quem produz as emissões poluentes. Assim se, *v.g.*, estas forem geradas no processo de produção deve ser o fabricante quem deve pagar o imposto, ainda que depois o possa repercutir sobre o consumidor[142]. Outra possibilidade traduz-se em considerar

---

[137] SOUSA ARAGÃO, *O Princípio...*, 1997, p. 140.

[138] Assim, por exemplo, o produtor de automóveis é um poluidor indirecto em relação a grande parte das emissões associadas a esta espécie de meio de transporte, enquanto o automobilista é um poluidor directo. Já o utilizador de papel (ainda que reciclado) é um poluidor indirecto, enquanto os agentes económicos que integram a indústria de celulose são poluidores directos.

[139] PÉREZ DE AYALA, *La Traslación Jurídica de la Cuota en los Impuestos Ambientales*, Noticias de la Unión Europea, N. 122, 1995, pp. 93 e ss., p. 97.

[140] Ver, sobre as teorias explicativas do comércio do lado da procura, MANUEL PORTO, *Teorias da Integração e Políticas Comunitárias*, Coimbra, 1997, pp. 65-69.

[141] M. REMOND-GOUILLOUD, *Du Droit de Détruire. Essai sur le Droit de l'Environnement*, Paris, 1989, p. 163.

[142] Ver, em sentido contrário, por entender que a repercussão do imposto que grava as emissões poluentes viola o PPP, FERNANDEZ JUNQUERA, "Un Impuesto Municipal Anticontaminante?", in *Organización Territorial del Estado*, Madrid, 1985, pp. 1245 e ss., p. 1256.

como poluidor aquele agente económico que desempenha um papel determinante na produção do dano ambiental, ainda que não seja aquele que o provoca de forma directa[143]. Esta via permite, *v.g.*, classificar como poluidor o sujeito que produz um bem, e não aquele que o consome, ainda que as emissões resultem da actividade deste último[144]. No entanto, tal conceito abrangente de poluidor, apesar de facilitar a identificação de um responsável sem necessidade de discernir o ponto de origem da lesão, o que é útil nas situações de concausalidade, pode conduzir a soluções dúbias e arbitrárias[145]. Note-se, pois, que a melhor solução do ponto de vista administrativo nem sempre coincide com aquela que é a melhor solução numa perspectiva ambiental. Por razões de eficiência económica e conveniência administrativa é, por vezes, preferível identificar o poluidor com o agente económico que desempenhou um papel decisivo na produção das emissões poluentes em lugar daquele que efectivamente as originou. Assim, *v.g.*, o fabricante de veículos ou de pesticidas pode ser considerado como o poluidor, apesar de a degradação ambiental ser causada pelo utilizador de tais produtos[146]. Em casos excepcionais, alguns autores defendem, mesmo, que sejam as vítimas, e não os poluidores, a suportar o imposto ecológico[147]. Tal deverá acontecer sempre que o lesado com a poluição consegue evitar esse dano a um custo inferior ao que o poluidor tem que suportar para o fazer. Isto verifica-se, principalmente, quando a decisão de localização que um indivíduo tome influencie a medida em que ele será vítima das externalidades[148]. São, então, razões de eficiência que determinam quem deve ser o sujeito passivo do imposto. Porquanto, tal encargo financeiro tornará o lesado consciente da sua contribuição para o dano e responsável pela escolha do nível de poluição que irá suportar[149].

PÉREZ DE AYALA, *La Traslación...*, 1995, p. 96, considera que essa repercussão não deve também ser admitida nos impostos que gravam os produtos a cuja obtenção aquelas emissões estão associadas. Porquanto, nestes casos é à actividade produtiva que os tributos em causa se dirigem.

[143] Ver, neste sentido, H. SMETS, *Le Principe Pollueur Payeur, un Principe Économique Érigé en Principe de Droit de l'Environnement?*, Revue Générale de Droit International Public, Tome 97, Vol. 2, Avril-Juin 1993, pp. 339 e ss., pp. 339-364.

[144] O poluidor será, assim, *v.g.*, o produtor do combustível, e não o automobilista.

[145] "Por exemplo, no caso da poluição sonora produzida por automóveis, quem será considerado poluidor? Poderão ser as pessoas que utilizam os veículos, os construtores do veículo, as autoridades de trânsito que o autorizaram naquele local, ou até mesmo o construtor da via" — CARLOS LOBO, *Imposto Ambiental. Análise Jurídico-financeira*, Revista Jurídica do Urbanismo e do Ambiente, N. 4, Dezembro 1995, pp. 13 e ss., p. 45.

[146] Exemplos utilizados por SMETS, *Le Principe...*, 1993, p. 356. Ver, para maiores desenvolvimentos, OCDE, *The Polluter-Pays Principle. OECD Analyses and Recommendations*, OCDE/GD(92)81, ponto 1.2.

[147] Ver, por exemplo, S. KOLM, *Les Pollués Doivent-ils Payer?*, Kyklos, Vol. 26, 1973, pp. 322 e ss., pp. 334-335.

[148] Para maiores desenvolvimentos, leia-se MOHRING e BOYD, *Analysing 'Externalities': 'Direct Interaction' vs. 'Asset Utilisation' Frameworks*, Economica, Vol. 38, August 1971, pp. 347 e ss., p. 354, e KOLM, *idem*, p. 323.

[149] Ver, para maiores desenvolvimentos, KOLM, *idem*, pp. 334-335.

Contudo, esta posição não é pacífica nem mesmo entre os economistas[150]. Além de que se trata de uma via que entra em conflito com o que é defendido pelo PPP.

Mas sendo o PPP um princípio jurídico, ainda que a sua origem se encontre nas ciências económicas, deve-se procurar fazer uma interpretação jurídica do mesmo. E esta determina que seja o responsável social pelo comportamento poluente o contribuinte de facto[151]. Sem que, contudo, se identifique este com o responsável jurídico, isto é, tal princípio não é uma regra jurídica de responsabilidade[152]. A OCDE não tem tomado uma posição a este respeito, ao contrário do que fez a Comunidade Europeia. A Comissão Europeia considerou como poluidor "aquele que degrada directa ou indirectamente o ambiente ou cria as condições que levam a essa degradação"[153]. Com esta directriz não se permite, contudo, identificar sempre com clareza quem deve ser o responsável pelos custos derivados da agressão ambiental. Pense-se, *v.g.*, nas situações em que o comportamento de vários sujeitos contribui, no mesmo grau ou em graus diferentes, para a perturbação ecológica. Por isso, foram introduzidos dois critérios práticos de imputação de custos[154]: a eficiência económica e administrativa e a capacidade de o sujeito em causa internalizar os referidos encargos[155]. O que se visa identificar parece, então, ser o melhor pagador e o melhor evitador/eliminador das emissões de entre os vários poluidores possíveis.

Assim, a resposta à pergunta colocada para efeitos de se determinar quem deve ser o contribuinte de facto do imposto ambiental depende, essencialmente, da consideração de três aspectos: a equidade do resultado e a eficácia e eficiência associadas ao imposto. A determinação do responsável deve, ainda, ser feita tendo em conta os fins que se prosseguem com o PPP. Assim, deve pagar aquele que está em melhores condições de prevenir e precaver a degradação ambiental, isto é, "aquele que tem poder de controlo sobre as condições que levam à ocorrência da poluição, podendo portanto preveni-las ou tomar precauções para

---

[150] BAUMOL, *On Taxation and the Control of Externalities*, The American Economic Review, Vol. 62, N. 3, June 1972, pp. 307 e ss., p. 321, e BAUMOL e OATES, *La Teoría...*, 1982, p. 94.

[151] PÉREZ DE AYALA, *La Traslación...*, 1995, p. 97.

[152] Ver, para maiores desenvolvimentos, OCDE, *The Polluter-Pays Principle. OECD Analyses and Recommendations*, OCDE/GD(92)81, ponto 1.2.

[153] Cf. ponto 3 da Comunicação da Comissão anexa à Recomendação 75/436 (EUROATOM, CECA, CEE), do Conselho, de 3 de Março de 1974, JOCE n.º L 194 de 25 de Julho de 1975, pp. 1-4, relativa à imputação de custos e à intervenção dos poderes públicos em matéria de ambiente.

[154] SOUSA ARAGÃO, *O Princípio...*, 1997, p. 135.

[155] Cf. ponto 3 da Comunicação da Comissão anexa à Recomendação 75/436 (EUROATOM, CECA, CEE), do Conselho, de 3 de Março de 1974, JOCE n.º L 194 de 25 de Julho de 1975, pp. 1-4, relativa à imputação de custos e à intervenção dos poderes públicos em matéria de ambiente.

evitar que ocorram"[156]. Parece, contudo, que não será de exigir a verificação do requisito ético da culpa, nem a determinação de um nexo de causalidade adequada entre a acção e o dano ambiental[157]. Ao longo de todo o circuito económico, parece existir um maior potencial de alteração de comportamento nas fases que se encontram a montante (extracção de recursos e processo produtivo) do que naquelas que se situam a jusante (consumo)[158]. Por essa razão, a OCDE propôs, em 1995, que os instrumentos financeiros fossem desenhados de modo a introduzir o objectivo de minimização dos resíduos no ponto mais recuado possível do círculo de vida do produto. Esta orientação conduz a que seja, tendencialmente, o produtor a suportar os custos em causa, pois é nesse ponto do circuito económico que a intervenção se mostra mais eficaz e mais fácil de controlar e de regulamentar[159]. Porquanto, o número de produtores é, em princípio, inferior ao de consumidores e é neles que reside a maior potencialidade de adopção de comportamentos mais sustentáveis. Além de que é a esse nível da actividade económica que se verifica o maior desgaste ambiental e é também o produtor quem, muitas vezes, está em condições de atingir os objectivos desejados ao menor custo marginal, como acontece, por exemplo, quando está em causa a poupança de energia. Mas já quando não exista outra alternativa que não seja a redução do consumo para evitar a perturbação do *continuum naturale*, devem ser os consumidores os contribuintes de facto[160]. Pois, é a eles que se deve dirigir o estímulo desencadeado pelo tributo.

De acordo com o que foi afirmado em relação a quem deve ser o poluidor se se tiverem em mente as finalidades do PPP, devem, pois, imputar-se os custos associados à degradação ambiental a quem gera e controla as condições que a

---

[156] CUNHAL SENDIM, *Nota Introdutória à Convenção do Conselho da Europa sobre Responsabilidade Civil pelos Danos Causados por Actividades Perigosas para o Ambiente*, Revista Jurídica do Urbanismo e do Ambiente, N. 3, Junho 1995, pp. 147 e ss., pp. 152-156, e SOUSA ARAGÃO, *O Princípio...*, 1997, p. 136. Cf., por exemplo, artigo 2º da Proposta alterada de directiva do Conselho relativa à responsabilidade civil pelos danos causados pelos resíduos, 91/C 192/04, JOCE n.º C 192 de 23 de Julho de 1991, pp. 6-16.

[157] SOUSA ARAGÃO, *O Princípio...*, 1997, pp. 136-137.

[158] Veja-se, entre outros, GEE, "Economic Tax Reform in Europe: Opportunities and Obstacles", 1997, pp. 99-101, que refere, a este propósito, o exemplo da Dinamarca. Onde, após vinte anos de investimento em medidas de poupança de energia a nível dos consumidores particulares, se toma consciência dos elevados custos em que tal opção se traduziu quando comparada com uma intervenção direccionada aos mesmos resultados que fosse levada a cabo junto da indústria.

[159] A redução das emissões de dióxido de carbono, *v.g.*, realizada através da tributação da produção de energia revela-se 40 por cento mais eficiente do que a que é conseguida através de um imposto sobre o consumo — CARLOS LOBO, *Impostos Ambientais*, 1995, p. 93, que cita dados da Comissão Europeia, *Le Défit Climatique*, Economie Européene, N. 51, 1992, p. 47.

[160] Ver, *v.g.*, HOORNAERT, *The Use of Taxation as a Policy Instrument Aimed at Limiting the Community's CO_2 Emissions: Practical Dimensions of Implementation*, European Economy, N. 1, Special Edition, 1992, pp. 63 e ss., pp. 68-69.

desencadeiam. Uma vez que é nesse ponto do circuito económico que se situa a causa *sine qua non* da poluição e onde existe a possibilidade de a prevenir recorrendo ao meio menos oneroso. Mas além destas razões refira-se, ainda, que, mesmo nos casos em que quem dá causa à poluição é o consumidor, sendo o produtor mero poluidor indirecto, não se pode, contudo, esquecer que este último também lucra com a obtenção do bem cujo uso vai provocar a degradação ambiental e que foi ele quem criou as condições que propiciaram o dano. Pelo que será justo que, também neste caso, seja ele a suportar, pelo menos em parte, os custos resultantes dessa degradação[161]. A administração fiscal pode, no entanto, recorrer a várias técnicas de interposição, como sejam a substituição fiscal e a repercussão do imposto, para garantir que se possa atender a exigências de praticabilidade sem se violar o princípio da capacidade contributiva. Obriga-se, então, a entregar ao Estado o imposto o sujeito que dá maiores garantias de certeza, veracidade, eficiência e celeridade nesta entrega[162]. Mas prevê-se a possibilidade de essa carga ser transferida para o sujeito a quem o tributo se dirige e que é quem apresenta capacidade contributiva para o suportar.

Quando se verificam, simultaneamente, várias causas de poluição, expressas pelo desenvolvimento contemporâneo de actividades semelhantes por agentes económicos da mesma categoria, verifica-se um caso de poluição cumulativa[163]. Nesta espécie de poluição, o dano associado a cada acto poluente isolado pode ser irrelevante, mas o efeito da associação de vários desses actos já poderá ser considerável. Por sua vez, sempre que se verifica uma sucessão temporal de causas de degradação ambiental, porque os agentes da mesma ocupam fases diversas do ciclo económico, desenvolvendo actividades diferentes, estamos perante uma cadeia de poluidores[164]. Nesta hipótese, cada sujeito económico é, simultaneamente, poluidor directo em relação às emissões que gera e indirecto em relação àquelas a que dá causa. Pelo que se pode revelar impossível ou muito difícil determinar quem é o poluidor. Nestes casos, bem como em todos os outros em que a identificação do poluidor se revele arbitrária, "os custos da luta antipoluição devem ser imputados aos pontos (...) e por meios (...) que ofereçam a melhor solução nos planos administrativos e económicos, e que contribuam da maneira mais eficaz, para a melhoria do ambiente"[165]. Sugere-se, assim,

---

[161] Leia-se SOUSA ARAGÃO, *O Princípio...*, 1997, p. 141. Ver, ainda sobre um entendimento do PPP que o insere na lógica da teoria do risco, F. CABALLERO, *Essai sur la Notion Juridique de Nuisance*, Paris, 1981, pp. 327 e ss.

[162] Consulte-se, entre outros, ALEXANDRE DO AMARAL, *Direito Fiscal*, Prelecções ao Curso do 3º Ano Jurídico de 1959-1960, Coimbra, 1959, p. 186, e SALDANHA SANCHES, *Manual...*, 1998, p. 128, sobre algumas das vantagens que se podem imputar ao sistema em causa.

[163] SOUSA ARAGÃO, *O Princípio...*, 1997, p. 143.

[164] *Idem*, p. 144.

[165] Comunicação da Comissão anexa à Recomendação 75/436 (EUROATOM, CECA, CEE), do Conselho, de 3 de Março de 1974, JOCE n.º L 194 de 25 de Julho de 1975, pp. 1-4, relativa à imputação de custos e à intervenção dos poderes públicos em matéria de ambiente, ponto 3.

que, por exemplo, nos casos de poluição em cadeia a imputação dos custos se faça onde o "número dos operadores é o mais fraco possível e o mais fácil de controlar, ou então onde contribua mais eficazmente para a melhoria do ambiente e onde sejam evitadas as distorções da concorrência"[166]. Há, pois, que identificar qual é o ponto da cadeia onde se mostra mais viável o controlo do dano ecológico, evitando-o. Torna-se, então, necessário determinar qual é o sujeito que, criando as condições onde a poluição tem origem, apresenta maiores aptidões para a evitar de um modo eficaz e eficiente. Todos os sujeitos contribuem para a degradação ambiental, ainda que o façam em intensidades diferentes. Por isso, todos devem ser gravados pelo tributo. Uma vez que todos devem modificar os seus comportamentos de modo a evitar essa degradação. Contudo, como a participação de cada um no resultado final não é igual à dos demais, também os pagamentos não devem ser iguais entre si, mas proporcionais às necessidades de prevenção verificadas[167]. Estas necessidades são influenciadas pelo grau de perigosidade e pela amplitude (no tempo e no espaço) do impacto danoso da conduta adoptada, pelas vantagens que o sujeito aufere com a poluição e pela capacidade que o mesmo apresenta de evitar a agressão ecológica. As referidas necessidades variam na mesma proporção em que evoluem estes valores. O facto de a actividade poluente ter ocorrido em momentos diferentes pode não ser relevante, desde que as intervenções em análise tenham produzido os mesmo resultados na cadeia causal, devendo, nesta hipótese, um caso de poluição sucessiva ter o mesmo tratamento que um de poluição cumulativa[168].

1.6. O CÁLCULO DA OBRIGAÇÃO DE IMPOSTO AMBIENTAL

Nos impostos com finalidade extrafiscal, a realização do facto gerador não revelará exactamente a dimensão da capacidade económica do sujeito passivo. E a base tributável dos mesmos também não permitirá realizar tal aferição. Porquanto, o objectivo destes tributos não é gravar uma concreta manifestação de riqueza, ainda que o seu objecto seja uma situação que revela, de forma directa ou indirecta, essa riqueza[169]. A função quantificadora deste tipo de gravame consiste em "determinar a porção que corresponde ao sujeito activo relativamente à participação do sujeito passivo na actividade ou situação reveladoras (…) dos custos, prejuízos ou perigos…, reais ou potenciais, ocasionados, directa

---

[166] *Idem*.

[167] SOUSA ARAGÃO, *idem*, p. 144.

[168] Ver, neste sentido, SOUSA ARAGÃO, *O Princípio...*, 1997, p. 143, que recorre ao exemplo de vários automobilistas que usam as suas viaturas em momentos sucessivos, os quais devem ser objecto do mesmo tratamento que se lhes aplicaria se o tivessem feito em simultâneo.

[169] Segue-se PAGÉS I GALTÉS, *La Función Cuantificadora del Tipo de Gravamen*, Revista Española de Derecho Financiero, N. 72, octobre/deciembre 1991, pp. 539 e ss., pp. 569-575.

ou indirectamente, pelo mesmo à comunidade, (...) [os quais foram] colocados em evidência com a realização do facto gerador e medidos pela base tributável"[170]. Estes tributos encontram, então, nos prejuízos, custos ou perigos gerados para a sociedade o seu objecto e na provocação dos mesmos o seu facto gerador[171]. A base tributável coloca em evidência a forma e a intensidade da participação do realizador do facto tributável nesses prejuízos, custos ou perigos, mensurando tal participação[172], e mede os custos ou os prejuízos económico-sociais causados ou previstos em consequência de determinado comportamento[173].

A eficácia do imposto ecológico depende do montante absoluto de custos externos que o poluidor é obrigado a suportar e da proporcionalidade entre a sua capacidade contaminante e esse valor[174]. Porquanto, o sujeito passivo, ao decidir sobre se vai eliminar a poluição ou saldar o gravame, elege o montante da obrigação deste como valor de referência, comparando-o com a despesa em que necessitará de incorrer para adoptar um comportamento mais sustentável. Pois, como sujeito racional, ele procurará minimizar os seus custos[175]. Pelo que a maior eficiência dos impostos ambientais face aos instrumentos de natureza administrativa é válida quer o agente económico prossiga a maximização do lucro, das vendas ou da quota de mercado[176].

Mas a capacidade económica do sujeito passivo também não deve ser esquecida no cálculo do tributo ecológico. Não só como seu limite, mínimo e máximo, mas também como elemento auxiliar no cômputo do montante da obrigação de imposto sempre que tal se mostre relevante para a eficácia ambiental deste[177]. Pois, de outra forma, os mais ricos poderiam "manter inalterado o seu nível de predação ecológica"[178].

Pode também ser admissível uma progressividade do tributo em função do nível de dano ao equilíbrio natural gerado pelo sujeito passivo[179]. Assim, conse-

---

[170] *Idem*, p. 571.
[171] *Idem*, p. 572.
[172] *Ibidem*.
[173] *Idem*, p. 573.
[174] ROSEMBUJ, "Tributos Ambientales", 1998, p. 47.
[175] Para maiores desenvolvimentos, consulte-se, entre outros, R. POSNER, *Economic Analysis of Law*, Chicago, 4ª Ed., 1992, pp. 376-377.
[176] OSCULATI, *La Tassazione...*, 1979, p. 47.
[177] Consulte-se K. TIPKE, *La Capacita Contributiva Come Metro di Giustizia Tributaria*, Il Fisco, Allegato gratuito alla rivista "il fisco" n. 8 del 22 febbraio 1999, pp. 13 e ss., p. 15. Este autor, *ibidem*, ainda que não se refira directamente aos impostos extrafiscais com intuitos ambientais, mas aos tributos com finalidades extra-recaudatórias em geral, expressa a necessidade de se ter em conta a capacidade económica do sujeito passivo na quantificação da obrigação fiscal de modo a torná-lo "sensível" ao sacrifício.
[178] PRADA GARCÍA, "Justicia y Protección Fiscal del Medio Ambiente", in A. Yábar Sterling (direc.), *Fiscalidad Ambiental*, Barcelona, 1998, pp. 245 e ss., p. 248.
[179] O imposto galego sobre emissões poluentes, *e.g.*, aplica uma taxa zero às primeira 1000 toneladas de emissões, sendo cobrado um determinado valor por cada tonelada das

gue-se, simultaneamente, desincentivar o aumento da agressão ecológica, contemporizar com as actividades económicas que já estão a poluir no valor mínimo que lhes é possível e respeitar o "mínimo de existência ambiental"[180], sem se abdicar de distinguir entre maiores e menores poluidores[181].

Deve-se ter em atenção as características da actividade poluente do sujeito passivo, como, *e.g.*, o facto de este exercer uma actividade sazonal e, por isso, concentrar as suas emissões num determinado período[182]. Não obstante, um elemento de atenuação da dívida só deverá beneficiar as empresas que não concentram as suas emissões poluentes nos períodos entendidos como ambientalmente mais críticos, desincentivando-se os congestionamentos da capacidade assimilativa do sistema que podem gerar um aumento do dano ecológico mais do que proporcional ao incremento das emissões.

Em termos ideais, o PPP seria efectivado através de uma taxa que fizesse coincidir o imposto cobrado por cada unidade de emissões poluentes com o dano marginal que a mesma causa à sociedade, isto é, que procedesse à total internalização das externalidades[183]. Se o gravame é fixado num valor muito reduzido, "poder-se-á afirmar que se está a vender barato o direito de poluir, se muito elevado constitui uma multa à produção"[184]. A determinação correcta do nível de tributação a adoptar é, pois, essencial para o sucesso das medidas eco-fiscais[185]. Se a fixação da taxa do imposto ecológico num nível reduzido pode inviabilizar a eficácia do mesmo enquanto instrumento promotor de alterações comportamentais[186], a adopção de um valor elevado para aquela pode estimular

---

mesmas emitida entre as 1001 e as 50.000 toneladas e um outro, superior, a partir desse montante — artigo 12º da Ley 12/1995, de 29 de Dezembro, da Comunidad Autónoma galega.

[180] J. STENGER, *Das Steuerrecht als Instrument des Umweltschutzes. Möglichkeiten und Grenzen eines einsatzes des Steuerrechts zur Erfüllung umweltpolitischer Ziele unter besonderer Berücksichtigung des Grundsatzes der Besteuerung nach der wirtschaftlichen Leistungsfähigkeit*, Frankfurt am Main, 1995, p. 166.

[181] Em Espanha, *e.g.*, esta técnica é usada no cálculo dos preços a cobrar pelo fornecimento de água. Consulte-se, para maiores desenvolvimentos, CHICO DE LA CÁMARA, "Análisis Comparativo en el Sistema Italiano y Español del Uso de Contribuciones Especiales para Financiar la Ejecución de Obras Hidráulicas Medioambientales", in A. Yábar Sterling (direc.), *Fiscalidad Ambiental*, Barcelona: Cedecs, 1998, pp. 225 e ss., p. 241.

[182] Factor que é tido em conta, v.g., no imposto belga sobre efluentes, aplicado na Região da Valónia, através do recurso a um coeficiente corrector no apuramento da obrigação fiscal do contribuinte — P. COENRAETS, "Fiscalité Relative au Déversement d´Eaux Usées en Région Wallon", in *Fiscalité de l´Environnement*, Bruxelles, 1994, pp. 233 e ss., p. 242.

183 Veja-se, por exemplo, HOORNAERT, *The Use of Taxation...*, 1992, p. 68.

[184] Luís BARRETO, *O Ambiente e a Economia*, 2ª Ed., Lisboa, 1987, p. 42. Note-se que as expressões "vender barato o direito a poluir" e "multa à produção" devem ser entendidas no seu simbolismo, e não objecto de uma interpretação literal.

[185] COM(97) 9 final, de 26 de Março de 1997, p. 1.

[186] M. ANDERSEN, *Governance by Green Taxes. Making Pollution Prevention Pay*, Manchester, 1994, *v.g.*, p. 205, atribui ao baixo nível em que o tributo francês sobre efluentes foi estabelecido, quando comparado com o alemão, o facto de o sistema de controlo da poluição

a evasão fiscal[187] e o antagonismo político ao gravame e prejudicar a competitividade internacional da indústria em causa[188/189/190]. Esse valor depende, então, do objectivo que o legislador tem em mente: a internalização dos custos externos ou a obtenção de um determinado nível (ainda que não economicamente óptimo) de controlo da poluição. Enquanto a primeira finalidade, que se coaduna com a proposta de Pigou, exige cálculos por vezes bastante complexos, a segunda é mais simples de implementar, ao admitir que os custos médios de evitação do comportamento poluente sirvam ao legislador como referência. Assim, não visando um imposto ambiental em sentido próprio a obtenção da máxima receita, a curva de Laffer[191] não será relevante aquando da determinação da sua taxa óptima. A elasticidade preço da procura do bem gravado é determinante no alcance desse ponto óptimo. Ou seja, quanto menor for essa elasticidade, mais elevado deve ser o valor atribuído à taxa[192] para se fornecer um estímulo efectivo à alteração de comportamento.

---

da água em França não ter gerado melhores resultados, não fornecendo um estímulo à mudança comportamental.

[187] Por exemplo, o imposto francês sobre resíduos foi, propositadamente, estabelecido num valor aquém daquele que se mostrava necessário para gerar um verdadeiro efeito desincentivador, porque se temeu que uma taxa mais elevada promovesse a disposição dos resíduos em locais não preparados para o efeito — FERNANDEZ e TUDDENHAM, "The Landfill Tax in France", in Robert Gale, Stephan Barg e Alexander Gillies (eds.), *Green Budget Reform*, London, 1995, pp. 257 e ss., p. 265. Também no Reino Unido se critica o nível em que o valor cobrado pela deposição de resíduos em aterros tem sido fixado, especialmente quando comparado com as demais realidades europeias — TURNER e BRISSON, "A Possible Landfill Levy in the UK: Economic Incentives for Reducing Waste to Landfill", in Robert Gale, Stephan Barg e Alexander Gillies (eds.), *Green Budget Reform*, London, 1995, pp. 267 e ss., pp. 277-278.

[188] M. RODI, "Environmental Charges", in *Environmental Taxes and Charges. Proceedings of a Seminar held in Florence, Italy, in 1993 during the 47th Congress of the International Fiscal Association*, The Hague, 1995, pp. 79 e ss., p. 84.

[189] VAQUERA GARCÍA, *Fiscalidad y Medio...*, 1999, p. 163.

[190] Note-se que pode, mesmo, gerar-se um conflito entre as autoridades fiscais, que preferem uma taxa reduzida capaz de propiciar um fluxo constante e prolongado de receita (e de emissões, uma vez que a poluição residual se fixa no ponto em que o custo de eliminação coincide com o imposto pago por cada unidade da mesma), e as autoridades ambientais, que favorecem as taxas elevadas, susceptíveis de ser eficazes na redução do comportamento poluente, com a inevitável diminuição da receita — J. BARDE, "Environmental Taxation: Experience in OECD Countries", in Timothy O'Riordan (ed.), *Ecotaxation*, London, 1997, pp. 223 e ss., p. 236.

[191] A regra conhecida como "curva de Laffer" diz que a receita de um imposto aumenta com a sua taxa até um determinado ponto ser alcançado, a partir do qual o incremento do nível de tributação provoca o seu decréscimo. Para maiores desenvolvimentos, leia-se, *v.g.*, D. FULLERTON, *On the Possibility of an Inverse Relationship Between Tax Rates and Government Revenues*, The Journal of Public Economics, Vol. 19, N. 1, 1982, pp. 3 e ss., em especial pp. 10-12, e R. MUSGRAVE e P. MUSGRAVE, *Hacienda Pública Teorica y Aplicada*, 5ª Ed., Madrid, 1992, pp. 348-349.

[192] D. McCOY, "Reflections on the Double Dividend Debate", in Timothy O'Riordan (ed.), *Ecotaxation*, London, 1997, pp. 201 e ss., p. 204.

A dificuldade no cálculo da taxa óptima deriva da necessidade de se atender, por um lado, ao efeito do gravame após a receita obtida com a sua cobrança ter sido devolvida à economia, por outro, à elasticidade da procura dos bens tributados, a qual, por sua vez, vai determinar o montante de receita gerada, e, ainda, ao impacto que a cobrança eco-fiscal tem sobre a receita dos impostos pré-existentes, ao desencadear alterações na base de incidência destes[193]. Pelo que a fixação do nível do gravame atendendo apenas à externalidade observada conduz a resultado não óptimos[194]. É, assim, possível identificar um conjunto de factores que, necessariamente, deve ser tido em conta na fixação do nível de tributação ambiental, entre os quais ganham relevo: o nível de poluição observado, o perigo potencial associado às emissões em causa e ao seu padrão evolutivo, os custos de eliminação das referidas emissões, a existência de alternativas ao comportamento danoso e o preço em vigor no mercado para os bens e serviços poluentes e para os seus substitutos[195].

Na fixação do nível de tributação podem ser usados vários critérios. Assim, pode-se recorrer a valores absolutos, caso em que será tributada cada unidade de poluição gerada ou de recursos utilizados a partir de determinado nível estabelecido por lei, uniformemente, para todos os poluidores, ou a valores relativos, hipótese em que é adoptado um valor de referência cuja grandeza absoluta varia de sujeito para sujeito, como, *e.g.*, o volume de produção e o historial de emissões ou de eficiência no consumo de recursos naturais. Ambos os critérios podem adoptar como ponto de referência o zero, não se isentando do pagamento do gravame qualquer comportamento, ou um valor superior a zero, estabelecendo-se um limite mínimo, até ao qual se admite a lesão ou o aproveitamento do ambiente, incorrendo o agente económico em responsabilidade fiscal só a partir daí.

Quando haja dificuldade em fixar o montante da dívida tributária em função da capacidade contributiva, isto é, "da grandeza económica do facto tributário", podem ser usados "índices ou parâmetros de diversa natureza estranhos ao pró-

---

[193] BOVENBERG e MOOIJ, *Environmental Levies and Distortionary Taxation*, The American Economic Review, Vol. 84, N. 4, September 1994, pp. 1085 e ss., pp. 1087-1088.

[194] Consulte-se, entre outros, OROSEL e SCHÖB, *Internalizing Externalities in Second-Best Tax Systems*, Public Finance, Vol. 51, N. 2, 1996, pp. 242 e ss., p. 254, e BOHM, "Environmental Taxation and the Double Dividend: Fact or Fallacy?", in Timothy O`Riordan (ed.), *Ecotaxation*, London, 1997, pp. 106 e ss., p. 110.

[195] A proposta legislativa suíça para a tributação de produtos danosos para o equilíbrio ecológico, de 1993, *v.g.*, prevê, expressamente, que o legislador tenha em conta na fixação da taxa: o nível de poluição, o risco para o ambiente, o custo de controlo das emissões e o preço do bem objecto do imposto e dos seus substitutos menos poluentes — *Message relatif à une révision de la loi fédérale sur la protection de l'environnement du 7 juin 1993*, Feuille Fédérale, 1993, Vol. 3, pp. 1337 e ss., p. 1464. Leia-se, ainda, sobre a necessidade de, no cálculo do montante de imposto, ser tida em conta a disponibilidade que o agente económico tem de encontrar alternativas ao comportamento poluente, *e.g.*, OSCULATI, *Sulla Tassa per la Raccolta e il Trattamento dei Rifiuti Solidi*, Rivista di Diritto Finanziario e Scienza delle Finanze, Vol. 36, Parte I, 1977, pp. 23 e ss., pp. 38-40.

prio facto tributário, se bem que indiciários da capacidade de pagar"[196]. São, assim, razões de praticabilidade que permitem ao legislador socorrer-se de técnicas de simplificação, como a tipificação, a ficção legal e a presunção legal[197], as quais funcionam, por vezes, como um recurso para se conseguir realizar a justiça fiscal[198].

É possível recorrer a uma estimação directa ou a uma avaliação indirecta[199] da matéria colectável, podendo, esta última, ser 1) subjectiva, isto é, realizada através de métodos indiciários[200], com recurso a indícios concretamente definidos e aferidos (*v.g.*, presume-se que o sujeito passivo *A*, devido às características do seu processo produtivo e à intensidade da sua actividade, gera *y* unidades de emissões poluentes em cada período de tributação), verificando-se, assim, um "juízo reconstrutivo e individualizado", um "julgamento da Administração" que, através de uma aferição casuística da situação com base em critérios de avaliação ponderada, busca a matéria tributável real[201]; ou 2) objectiva, isto é, efectuada através do método das presunções, consubstanciado na fixação pelo legislador de critérios-padrão aplicados uniformemente a todos os contribuintes (*e.g.*, considera-se que quem consome *x* unidades de carvão produz *y* unidades de emissões de dióxido de carbono, abdicando-se de uma medição efectiva destas), recorrendo-se a uma "cadeia dedutiva que não é da responsabilidade do aplicador da

---

[196] CASALTA NABAIS, *O Dever...*, 1998, p. 476.

[197] *Idem*, p. 620.

[198] Ver, neste sentido, CASALTA NABAIS, *idem*, p. 621.

[199] Note-se que só a necessidade de reconstituir factos incertos e a atribuição pela lei, de forma expressa, de poderes à Administração para o efeito podem justificar o recurso à avaliação indirecta — SALDANHA SANCHES, *A Quantificação da Obrigação Tributária. Deveres de Cooperação, Autoavaliação e Avaliação Administrativa*, Cadernos de Ciência e Técnica Fiscal, N. 173, Lisboa, 1995, pp. 396 e 399. E tal operação deve ter por fim a busca da verdade material: "dentro dos limites da razoabilidade, a Administração, agindo com imparcialidade e justiça, deve tentar determinar (...) [a base tributável real]" — *idem*, p. 400, e não o mero cálculo de um valor presumido, ainda que não esteja ao alcance da Administração o pleno cumprimento de tal objectivo (*ibidem*). Sob pena de o método em causa assumir uma natureza punitiva — *idem*, p. 402. Veja-se, no mesmo sentido, GÉNOVA GALVÁN, *La Estimación Indirecta*, Madrid, 1985, p. 71, PALAO TABOADA, *Métodos y Procedimientos de Determinación de las Bases Imponibles*, Hacienda Pública Española, N. 79, 1982, pp. 13 e ss., pp. 17-18, e DURÁN-SINDREU BUXADÉ, *La Estimación Indirecta de Bases Imponibles: Delimitación Conceptual y Legal*, Revista de Derecho Financiero y de Hacienda Pública, Vol. 39, N. 199, enero/febrero 1989, pp. 17 e ss., p. 52.

[200] "[A] prova indiciária funciona através da atribuição de relevância fiscal a certos factos ou *índices* dos quais se pode extrair a conclusão da existência de um certo facto tributável ou quantificá-lo, quer através de uma presunção inilidível (...) quer de uma presunção que pode ser ilidida" — SALDANHA SANCHES, *A Quantificação...*, 1995, p. 416. Note-se que o princípio da praticabilidade e o texto constitucional (ao afirmar, no artigo 104º, n.º 2, que "[a] tributação das empresas incidirá fundamentalmente sobre o seu rendimento real") admitem a tributação das empresas pelo seu rendimento apurado com base em métodos indiciários — CASALTA NABAIS, *O Dever...*, 1998, p. 502.

[201] SALDANHA SANCHES, *A Quantificação...*, 1995, p. 413.

norma, por se encontrar expressamente prevista na lei"[202], ou seja, "há a previsão legal de certos factos a que são legalmente coligadas determinadas conclusões", numa indução automática que conduz à matéria tributável normal[203]. A avaliação mediata da base tributável funciona, assim, como um recurso quando não seja possível a sua comprovação e quantificação directa e exacta pela Administração[204].

A estimação directa é aquela que permite a efectiva mensuração da matéria colectável, mas é também aquela que, em princípio, será mais custosa, além de que nem sempre é possível. Mas a avaliação indirecta subjectiva, aferindo a Administração casuisticamente a base tributável do imposto ecológico, recorrendo a índices que o contribuinte tem dificuldade em contestar, apesar das garantias processuais que lhe sejam conferidas, não parece ser a solução mais adequada no domínio dos gravames ambientais. Porquanto, este método, que, por pressupor um comportamento censurável do sujeito passivo, coloca neste o ónus de afastar o cálculo realizado pelas autoridades administrativas, esquece que a dificuldade que está em causa é aquela que a Administração enfrenta no cálculo da matéria colectável de determinados impostos ecológicos relativamente a todos os contribuintes, a qual se deve a uma impossibilidade, ou, melhor, a uma dificuldade[205], objectiva, e não subjectiva[206].

Será preferível, neste domínio, recorrer a uma avaliação objectiva, em que a tutela do sujeito passivo actue, predominantemente, através do princípio da legalidade, estando expressamente previstos na lei os critérios que as autoridades podem usar na aferição da dívida fiscal e a sua valorimetria em termos de matéria tributável, cabendo à Administração o ónus da prova. Uma vez que esta técnica se apresenta como a mais adequada para situações recorrentes, como são os casos em análise, e confere certeza à relação tributária, a qual é determinante para o sucesso do gravame ecológico. Porquanto, a vantagem deste, e dos instrumentos económicos em geral, relativamente às demais medidas de protecção ambiental assenta no facto de ser devolvida a decisão de quanto poluir ao sujeito que está melhor informado para determinar o nível óptimo de controlo — o poluidor/contribuinte. E a avaliação casuística priva o sujeito passivo de um dado

---

[202] *Idem*, p. 412.

[203] *Idem*, pp. 412-413.

[204] CARLOS DOS SANTOS, *Da Questão Fiscal à Reforma da Reforma Fiscal*, Lisboa, 1999, p. 91.

[205] Dificuldade, e não impossibilidade, porque caso a medição da base tributável se mostre impossível, como se verifica, *e.g.*, no caso da poluição difusa, será necessário eleger uma outra realidade como objecto do imposto ambiental, sob pena de arbitrariedade, com a consequente perda de eficácia do tributo e violação da justiça. Ainda que essa outra realidade apresente uma ligação menos directa com a agressão ecológica do que aquela que inicialmente se propunha gravar.

[206] Note-se, contudo, que o problema da mensuração da base tributável não se limita aos impostos ecológicos. Pense-se, *v.g.*, na tributação da propriedade — MANUEL PORTO, *A Reforma Fiscal...*, 1988, p. 31.

que é fundamental para esse resultado ser obtido — o encargo que este vai ser obrigado a suportar por cada unidade de emissões poluentes, ou seja, a sua dívida fiscal. O contribuinte não vai estar habilitado a comparar em tempo útil, isto é, no momento anterior à prática do acto que gera a obrigação de imposto e o dano para o *continuum naturale*, o custo e o benefício que estão associados a cada novo acto poluente. Comparação esta que é essencial para o seu processo decisório conduzir a um resultado óptimo. O elemento de previsibilidade que torna possível ao agente económico programar a sua actividade produtiva de modo a obter o resultado em causa está ausente de um processo em que a matéria colectável é aferida numa base casuística pela Administração. O variar dos critérios que, em cada caso, as autoridades vão aplicar a situações já verificadas neutraliza o movimento de antecipação do "poluidor em potência", que é vital para o sucesso dos gravames ecológicos. Com o recurso a uma avaliação objectiva consegue-se, assim, atenuar a onerosidade dos processos mensurativos, através da sua simplificação, minimizando-se, simultaneamente, a perda de eficácia do instrumento fiscal neste domínio. Por exemplo, em vez de se medir a quantidade de enxofre que sai das chaminés fabris, pode-se detectar, com relativa exactidão, esse montante a partir dos factores produtivos utilizados[207]. Mas o estabelecimento pela lei de uma medição objectiva pode incentivar os agentes económicos a adoptar sistemas fiáveis de estimação quando estes já se encontram disponíveis no mercado[208]. O que proporciona vantagens tanto a nível da gestão do imposto, como da consciencialização do poluidor relativamente aos efeitos que emergem do seu comportamento e das suas opções. E, se não forem cometidos excessos, os parâmetros são, ainda, susceptíveis de ser definidos de tal forma que estimulem a eficiência no consumo dos recursos ou a "limpeza" da actividade[209]. A estimação objectiva da base tributável, por outro lado, não se mostra contrária às exigências do PPP se os critérios a que recorre guardarem alguma relação com o comportamento anti-ecológico[210]. E as mesmas cautelas são recomendadas no uso dos métodos indirectos, sob pena de o tributo

---

[207] GONZÁLEZ FAJARDO, *Estrategias Reguladoras de Politica Ambiental: Controles Directos Versus Impuestos*, Hacienda Pública Española, N. 104, 1987, pp. 163 e ss., p. 176.

[208] Note-se que o artigo 87º, alínea b) e o artigo 88º, alínea a) do DL n.º 398/98, de 17 de Dezembro, admitem que a administração fiscal recorra à avaliação indirecta quando se mostre impossível a comprovação e quantificação directa e exacta dos elementos indispensáveis à correcta determinação da matéria colectável, pelo facto de a informação contabilística ou a declaração da mesma ser inexistente ou insuficiente. Veja-se, ainda, por exemplo, o artigo 75º, n.º 2 do CIRC.

[209] HOORNAERT, *The Use of Taxation...*, 1992, p. 74.

[210] Cf. Comunicação da Comissão anexa à Recomendação 75/436 (EUROATOM, CECA, CEE), do Conselho, de 3 de Março de 1974, JOCE n.º L 194 de 25 de Julho de 1975, pp. 1-4, relativa à imputação de custos e à intervenção dos poderes públicos em matéria de ambiente, ponto 4. b). Para maiores desenvolvimentos, leia-se, *v.g.*, REMOND-GOUILLOUD, *Du Droit de Détruire*, 1989, p. 174, JADOT, "Les Taxes Environnementales: Objectifs et Principes", 1994, pp. 25-28, e BORRERO MORO, *La Tributación Ambiental en España*, Madrid, 1999, p. 143.

ambiental deixar de fazer sentido[211]. Será, no entanto, necessário um período de ajustamento progressivo até que os parâmetros utilizados sejam uma expressão relativamente próxima da realidade e se mostrem consistentes com o PPP, reduzindo-se a oposição ao sistema e as reclamações[212]. Existe, contudo, o risco de, no que respeita a agentes económicos de elevadas dimensões e, por isso, geradores de uma quantidade significativa de emissões, uma pequena margem de erro associada aos parâmetros escolhidos, que teoricamente seria aceitável, se transformar numa incorrecção inadmissível[213]. Por isso, é pensável um sistema que combine a medição directa para os grandes poluidores com uma estimação objectiva para os restantes[214]. Um tal uso de processos de aferição mais rigorosos, e mais dispendiosos, para os potenciais grandes contaminadores e de soluções mais baratas, ainda que não tão precisas, para os demais é, no entanto, susceptível de gerar objecções em sede de equidade[215]. Pelo que, caso sejam usados métodos indiciários, se deve permitir que não só a Administração mas também o contribuinte recorra a uma estimação directa quando tenha nisso interesse[216].

Além da medição directa e do uso de métodos indiciários, também a declaração por parte do contribuinte pode servir para a definição da base de incidência[217]. Pelo que será admissível que, no intuito de se reduzir os encargos de administração do sistema, se opte por delegar a actividade de medição nos agentes económicos, realizando as autoridades apenas o controlo da veracidade da informação que aqueles periodicamente lhe fornecem[218]. Já que são os primeiros os mais aptos a levar a cabo tal incumbência. Contudo, a opção por um sistema baseado nas declarações dos contribuintes[219] não significa, necessariamente, uma diminuição de custos administrativos face à medição directa. Uma vez que, devido ao aumento do risco de fraude, os eventuais ganhos obtidos a nível dos encargos com a medição prévia ao acto de liquidação do imposto poderão ser compensados pelo aumento dos custos associados à actividade fiscalizadora[220/221].

---

[211] BORRERO MORO, *La Tributación...*, 1999, p. 144.

[212] HOORNAERT, *The Use of Taxation...*, 1992, p. 74.

[213] *Ibidem*.

[214] ROSEMBUJ, "Tributos Ambientales", 1998, p. 53. É este, por exemplo, o sistema utilizado na Holanda relativamente à tributação dos efluentes industriais — PAULUS, *The Feasibility...*, 1995, p. 174.

[215] GONZÁLEZ FAJARDO, *Estrategias Reguladoras...*, 1987, p. 176.

[216] HOORNAERT, *The Use of Taxation...*, 1992, p. 74.

[217] MINISTÉRIO DAS FINANÇAS, *Estruturar o Sistema Fiscal...*, 1998, p. 329.

[218] Consulte-se, entre outros, FRANCO SALA, *Política Económica del Medio Ambiente*, Barcelona, 1995, p. 102.

[219] O que é consentâneo com a evolução do Direito Fiscal no sentido de uma crescente atribuição de deveres aos contribuintes, refugiando-se a Administração num papel de controlo *a posteriori* do cumprimento da lei — SALDANHA SANCHES, *A Quantificação...*, 1995, p. 172.

[220] Estão aqui em causa as despesas necessárias para assegurar o efectivo cumprimento das obrigações fiscais (*compliance costs*), e não os custos de cobrança dos impostos (*collection costs*).

[221] A fiscalização por amostragem acompanhada da aplicação de multas significativas aos infractores pode ser suficiente para desencadear um efeito de prevenção geral, com a

E essa potencial economia de custos é susceptível de ser ainda menos expressiva em termos globais (isto é, em termos do custo total suportado pela sociedade) quando os próprios sujeitos passivos tenham que implementar novos sistemas de informação para o efeito[222]. Porquanto, neste caso, verificar-se-á uma duplicação de encargos, em virtude de a Administração ter que montar um esquema de controlo da informação que lhe seja fornecida pelos agentes económicos[223] e de estes, por sua vez, terem que incorrer em custos com a implementação de um sistema de medição, sem que ocorra qualquer poupança de recursos que a compense[224]. As autoridades têm, no entanto, ao seu alcance uma forma de atenuar esses custos, traduzida na implementação de um sistema de registo obrigatório de onde constem todas as fontes poluentes, as suas características e a descrição do tipo de emissões geradas[225]. Já que um tal registo pode ajudar à identificação e ao controlo dos sujeitos passivos[226].

O recurso a comissões constituídas por representantes da Administração e da indústria poluente a ser tributada pode também não ser uma via aconselhável. Porquanto, deste modo, estar-se-ia a abrir o flanco destes instrumentos a pressões de grupos de interesse, atenuando uma das suas vantagens relativamente às medidas impositivas. No caso de ser necessário recorrer à fixação de critérios objectivos para mensurar a matéria colectável, a participação dos interessados no processo (princípio da cooperação), através do fornecimento pelos agentes económicos de dados relevantes para o efeito, poderá mostrar-se desejável ou, mesmo, insusceptível de afastamento. Contudo, deve-se manter uma distância cautelosa entre os futuros destinatários do gravame e a definição das premissas e das bases das presunções e dos índices, para se evitar que aqueles distorçam

---

vantagem de envolver custos reduzidos para a Administração, ao transmitir ao contribuinte a ideia de que a sua declaração está sujeita a controlo sem eliminar o carácter excepcional deste. Sobre algumas das modalidades possíveis desta espécie de investigação, veja-se SALDANHA SANCHES, *A Quantificação...*, 1995, pp. 164-165. Os problemas que se colocam a este propósito não são, no entanto, exclusivos da tributação ecológica, sendo, antes, comuns a todo o sistema fiscal, devido a um movimento de massificação que envolve, actualmente, as relações tributárias e que foi provocado pelo "alargamento e aumento da variabilidade dos universos de contribuintes (...) e a diversificação da natureza dos factos tributários que acompanha a complexização da economia" — *idem*, p. 171.

[222] Note-se que os deveres de cooperação do sujeito passivo devem ser integrados "num conceito amplo de carga fiscal, uma vez que implicam custos efectivos para os contribuintes" — SALDANHA SANCHES, *A Quantificação...*, 1995, p. 327.

[223] Lembre-se que o "primeiro passo para assegurar a igualdade fiscal" será a garantia, pela lei, de "uma generalização efectiva não apenas por via da sua formulação mas também através do seu cumprimento generalizado" — SALDANHA SANCHES, *Manual...*, 1998, p. 141.

[224] OCDE, *Taxation and the Environment...*, 1993, p. 52.

[225] A implementação de um sistema deste género está prevista, *v.g.*, para o imposto galego sobre contaminação atmosférica — artigo 9º, n.º 2 da Ley 12/1995, de 29 de Dezembro da Comunidad Autónoma galega; artigos 8º, 9º e 10º do Reglamento de desarrollo (Decreto 4/1996, de 12 de Janeiro) e artigos 3º, 4º e 5º da Orden de 26 de Janeiro de 1996, que aprova os modelos de gestão e liquidação do imposto.

[226] ALONSO GONZÁLEZ, *El Impuesto...*, 1997, p. 181.

a intervenção fiscal de forma a manter o seu nível de actividade inalterado e a inviabilizar a eficácia do imposto no alcance do nível óptimo de controlo das emissões.

Não se deve, contudo, esquecer que a excepcionalidade do afastamento da avaliação directa, no caso dos impostos ambientais, será não só válida como também reforçada. Porquanto, nestes, além da justiça da imposição, é, ainda, a eficácia da tributação que poderá ser ameaçada com tal afastamento.

1.7. IMPOSTO AMBIENTAL E ESPÉCIES DE IMPOSTOS

O montante de custos que a gestão de um imposto ecológico envolve, depende da medida em que é possível a sua incorporação no sistema administrativo e de controlo existente[227]. Essa incorporação é susceptível de gerar economias de escala e de experiência que permitem reduzir não só os encargos que a Administração suporta com as operações de liquidação, cobrança e fiscalização dos tributos ambientais, como também aqueles encargos que decorrem para a economia da adaptação dos sujeitos passivos aos gravames e do cumprimento por estes das suas obrigações fiscais[228]. Estes argumentos podem justificar a reestruturação do sistema fiscal de modo a se integrar as preocupações ambientais nos tributos em vigor, bem como aconselhar o desenho de impostos ecológicos com base nos valores de transacção. Uma vez que, incidindo a vasta maioria dos gravames existentes sobre transacções (*e.g.*, sobre o valor dos bens ou serviços transaccionados e sobre o valor dos rendimentos pagos ou recebidos), seriam, assim, mais amplas as economias de custo susceptíveis de ser obtidas. Nesta perspectiva, a diferenciação das taxas dos impostos actualmente existentes[229] e a adopção de um imposto sobre emissões representariam dois casos limite de gestão combinada. É necessário, contudo, não esquecer que são diminutas as hipóteses de se vir a obter o referido aproveitamento administrativo totalmente livre de custos[230]. Já que o incremento da complexidade do sistema que a integração de preocupações ambientais no mesmo desencadeia provavelmente aumentará os encargos de funcionamento da administração fiscal. A medida em que este acréscimo de custos se verificará depende da extensão do grau de complexidade já observado na estrutura fiscal previamente à sua adaptação[231].

---

[227] MINISTÉRIO DAS FINANÇAS, *Estruturar o Sistema Fiscal...*, 1998, p. 330.
[228] *Ibidem*.
[229] Veja-se OCDE, *Taxation and the Environment...*, 1993, pp. 51-52, que refere, a este propósito, o caso da discriminação das taxas do IVA de acordo com o impacto ecológico do bem ou serviço em causa, e S. SMITH, *"Green" Taxes and Charges...*, 1995, p. 19.
[230] S. SMITH, *"Green" Taxes and Charges...*, 1995, p. 19.
[231] S. SMITH, "Environmental Tax Design", in Timothy O`Riordan (ed.), *Ecotaxation*, London, 1997, pp. 21 e ss., pp. 26-27.

Um gravame ambiental de prestação variável será preferível a um outro de quota fixa, por ser apenas no primeiro que a obrigação de imposto evolui em harmonia com a matéria tributável, a qual, em princípio, reflecte a capacidade poluente do sujeito passivo.

O facto de o dano ambiental ser, em princípio, causado pelos elementos materiais que caracterizam o bem ou a operação contaminante, e não pelos seus elementos patrimoniais, torna os impostos específicos mais adequados à defesa do ambiente do que os impostos *ad valorem*.

Note-se que um gravame ambiental sobre um bem poluente que assuma a configuração de um imposto *ad valorem* pode funcionar como um desincentivo à substituição tecnológica orientada para a defesa do *continuum naturale*[232]. Porquanto, o investimento que está associado a essa opção reflecte-se num custo produtivo mais elevado e, consequentemente, num preço do bem em causa superior ao de outros que, embora similares, sejam obtidos sem preocupações ambientais. Diferença esta que é agravada por um imposto com as referidas características, prejudicando a posição competitiva que o produtor que investiu em tecnologias limpas ocupa no mercado.

O facto de o IVA ser um imposto *ad valorem* e ter como contribuinte de facto o consumidor reduz a sua aptidão para ser utilizado na defesa do ambiente. Embora, no caso da energia, seja susceptível de afectar menos a capacidade competitiva da indústria nacional do que um imposto específico, em virtude do carácter cumulativo que está associado a este último, sendo difícil a sua eliminação através de ajustamentos fronteiriços, a não ser relativamente aos próprios produtos energéticos. O IVA, pelo contrário, traduz-se num gravame sobre o consumo final, não padecendo, assim, do referido inconveniente[233].

Um imposto específico, por sua vez, será capaz de gerar um impacto mais directo sobre as escolhas dos agentes económicos situados a montante da cadeia produtiva, devido à alteração que o tributo desencadeia dos preços relativos sustentados pela indústria. Assim, consegue-se actuar sobre o comportamento que se deseja ver alterado de forma mais directa do que é possível com o IVA. Um tal imposto pode ser cobrado ao sujeito responsável pela degradação ecológica ou àquele que oferece maiores garantias quanto ao pagamento, autorizando-se, em seguida, a sua repercussão sobre o verdadeiro lesante; podendo ser conformado como um gravame sobre o consumo industrial ou como um tributo

---

[232] No Reino Unido foi proposta a adopção de um gravame com as referidas características. Contudo, a fraca ligação que um tal imposto envolve entre a base tributável e os custos externos visados levou a que a mencionada proposta não chegasse a ser adoptada, preferindo-se, antes, eleger como critério de determinação da base de incidência o peso. O que também é passível de críticas. Pense-se, *v.g.*, que um quilograma de papel não gera os mesmos danos ambientais que um quilograma de plástico. Ver S. Smith, *"Green" Taxes and Charges...*, 1995, pp. 58-59.

[233] Raul Esteves, apresentação de A. L. Sousa Franco, *Princípios e Orientações Vigentes na União Europeia em Matéria Fiscal*, Ciência e Técnica Fiscal, N. 393, Janeiro/Março 1999, pp. 89 e ss., pp. 124-125.

sobre o consumo final. Esta última modalidade tem, contudo, inerente a deficiência já apontada ao IVA no caso de a procura não sofrer qualquer alteração com o aumento do preço cobrado ao consumidor final: perde-se o estímulo dirigido aos agentes produtivos. Um imposto específico envolve, ainda, menores custos administrativos do que o IVA, devido à sua menor complexidade[234].

Também quando comparada com um imposto específico sobre as emissões de dióxido de carbono e a energia, a opção pelo IVA mostra-se menos eficaz. Porquanto, um tal gravame não está sujeito às flutuações do preço do petróleo, como acontece com o IVA, e, ao ser aplicado a todos os agentes económicos, enquanto o IVA só o é ao consumidor, fornece um incentivo à indústria, onde reside, neste caso, o grande potencial de redução do dano ecológico, a que substitua as fontes energéticas com elevado teor de carbono por outras mais limpas[235].

---

[234] Consulte-se, *v.g.*, HOORNAERT, *The Use of Taxation...*, 1992, p. 87.

[235] BARKER, BAYLIS e BRYDEN, *Achieving the Rio Target: CO_2 Abatement through Fiscal Policy in the UK*, Fiscal Studies, Vol. 15, N. 3, 1994, pp. 1 e ss., p. 14.

II. A Receita do Imposto Ambiental

A receita dos impostos ambientais pode integrar a receita geral do Estado ou ser consignada a determinados fins. No primeiro caso, o montante em causa pode ser utilizado na concessão de subsídios ou, não pretendendo o Estado aumentar a despesa pública, na redução de outros impostos, caso em que alguns intendem ser possível ocorrer um "duplo dividendo". Quando se opte pela afectação da receita dos referidos impostos, as finalidades específicas eleitas podem ser variadas e apresentar uma ligação mais ou menos directa com a reparação do dano ambiental, podendo subsidiar-se medidas de apoio à melhoria da qualidade ambiental ou às vítimas da poluição. Assumindo a constituição de "fundos de indemnização colectivos"[236] neste contexto uma importância especial. O grau de inflexibilidade conferido às receitas pode também ser mais ou menos intenso. Enquanto a primeira modalidade tem em vista condicionar o montante dos recursos aplicados ao total dos ingressos produzidos e vice versa, a segunda pretende, essencialmente, informar os cidadãos sobre a forma como o dinheiro proveniente dos impostos que pagam é utilizado, tornando o sistema mais transparente. No primeiro caso, em que o montante dos recursos angariados determina com rigidez o nível de despesa a realizar ou constitui o único critério a que a recolha daqueles obedece, caso se verifique um défice das receitas vinculadas em relação aos gastos previstos não será possível recorrer a outras vias de financiamento. Tal como, se o imposto em causa produzir um excesso de ingressos em relação ao montante necessário, isso não significará mais recursos para outros programas, ao contrário do que acontece na consignação débil, mas apenas, eventualmente, uma atenuação da tributação no que se refere àquela componente concreta do sistema fiscal. Podendo ser exigida a realização de uma consulta popular sempre que se torne necessário alterar quer o valor das receitas quer a soma dos gastos. Mais comuns são, no entanto, as situações de flexibilidade, em que, além de um montante proveniente de receitas afectadas, a prossecução de determinado objectivo é, ainda, financiada por recursos provenientes do orçamento geral do Estado. Quando tal acontece, aquelas apenas impõem um condicionamento ao nível da despesa, na medida em que fixam a esta o patamar mínimo abaixo do qual não se pode localizar. De qualquer modo, deve-se ter presente que a opção por consignar a receita dos impostos ambientais exige a adopção de um conjunto

---

[236] Denominação utilizada por GOMES CANOTILHO, *Actos Autorizativos Jurídico-Públicos e Responsabilidade por Danos Ambientais*, Separata do Vol. 69 do Boletim da Faculdade de Direito da Universidade de Coimbra, 1993, p. 66.

de cautelas e a atenção a alguns problemas que não se podem ignorar[237]. Lembre-se, *v.g.*, que a rígida afectação de receitas levada a cabo de uma forma demasiado rápida gera uma inflexibilidade no funcionamento das finanças públicas, a qual conduz a ineficiências económicas e a embaraços políticos[238], afectando o exercício do poder legislativo e do poder executivo. O redireccionamento, pontual, associado à adopção de determinadas medidas fiscais, dos recursos públicos para domínios que gozam de elevada popularidade entre os cidadãos parece, no entanto, constituir uma opção perfeitamente defensável, desde que seja acompanhado por mecanismos de controlo de eficiência e de eficácia, de coordenação e de planeamento. Além de esse poder ser um meio adequado, muito especialmente durante os períodos de transição, à chamada de atenção do público para os custos associados ao fornecimento de determinados serviços públicos, à conquista do apoio político para a adopção de determinadas medidas à partida pouco populares, à garantia ou ao reforço da eficácia dos impostos ecológicos e ao reforço da dimensão de justiça no desenho deste tipo de fiscalidade.

2.1. O DUPLO DIVIDENDO

A crença no facto de que, além de gerarem benefícios ambientais (dividendo ambiental), os tributos ecológicos são capazes de remover outras ineficiências introduzidas na economia pelo sistema fiscal em vigor, permitindo que o financiamento público se realize a um custo menor do que aquele que tem hoje, levou alguns a falar de um "duplo dividendo"[239] associado a estes instrumentos. Expressão com a qual se visa salientar a possibilidade de se gerar um benefício para a economia através da aplicação das receitas obtidas com a cobrança dos impostos ambientais na redução de tributos preexistentes que sejam responsáveis pela distorção do funcionamento da economia. Ou seja, coloca-se a hipótese de a devolução à economia da receita obtida com a cobrança do imposto ecológico melhorar a distribuição dos recursos (dividendo distribucional), reduzir o desemprego involuntário (dividendo de emprego) ou aumentar a eficiência económica (dividendo de eficiência). O que se apresenta como uma alternativa ao uso da receita em causa na realização de prestações sociais aos titulares de menores rendimentos, ou seja, no aumento da despesa pública[240].

---

[237] Para maiores desenvolvimentos, leia-se CLAUDIA SOARES, "A Nova Velha Problemática da Consignação de Receitas Fiscais", in Manuel Afonso Vaz e Azeredo Lopes (coords.), *Juris et de Jure. Nos vinte anos da Faculdade de Direito da Universidade Católica Portuguesa — Porto*, Porto, 1998, pp. 1183 e ss., pp. 1201 e ss.

[238] Ver, no mesmo sentido, House of Lords, *Select Committee on Sustainable Development*, Report, London: HMSO, 1995, pp. 38-39, citado por Timothy O'Riordan (ed.), *Ecotaxation*, London, 1997, p. 38.

[239] Expressão usada pela primeira vez por D. PEARCE, *The Role of Carbon Taxes in Adjusting to Global Warming*, The Economic Journal, N. 101, July 1991, pp. 938 e ss., p. 947.

[240] P. BOHM, "Environmental Taxation and the Double Dividend: Fact or Fallacy?", 1997, pp. 110-111.

Não está, no entanto, provado que os impostos ambientais encerram esta capacidade de gerar ganhos de eficiência simultaneamente no domínio ambiental e no domínio económico, realizando-se a promoção do equilíbrio ecológico mediante o funcionamento do imposto e a redução das distorções que o sistema fiscal provoca na economia através da reciclagem da receita dos eco-impostos na diminuição de tributos aos quais esteja associada uma carga fiscal excessiva (*excess burden*). Já que, por um lado, não se pode ignorar que o montante de receita de que depende a verificação de tal duplo dividendo não é susceptível de ser gerado, em regra, pelos impostos ambientais em sentido próprio, ou estaremos então a falar de gravames ineficazes ou de instrumentos de produção de receita disfarçados de medidas de promoção ecológica (leia-se, impostos ambientais em sentido impróprio). Talvez a única excepção a esta pobreza recaudatória se encontre nos tributos que gravam o consumo de combustíveis, cuja capacidade recaudatória não invalida a sua natureza de impostos ambientais em sentido próprio, em virtude do elevado consumo que se observa relativamente a estes bens, sendo o mesmo frequentemente caracterizado por uma procura inelástica, e de o desenvolvimento económico exigir uma forte e contínua intervenção fiscal no mercado que contrarie a tendência de expansão do referido consumo.

O argumento de que está inerente ao uso de gravames ecológicos um duplo dividendo, ainda que possa ajudar a promover a sua aceitação pública, não deve, assim, servir para justificar a sua adopção nem para orientar a sua configuração. E isto por duas ordens de razões: por um lado, a não se produzir a receita de que depende a verificação do duplo dividendo, como é natural que aconteça nos tributos ambientais em sentido próprio, a sua justificação falha, e, por outro lado, a preocupação com a busca de um duplo dividendo pode introduzir perturbações no desenho do tributo, *v.g.*, impedindo a fixação da sua taxa em níveis aptos a gerar a alteração comportamental com o objectivo de manter um fluxo de recursos que torne possível substituir o uso de gravames mais distorçores no financiamento do Estado.

2.2. Os subsídios

A finalidade que se prossegue com o uso de subsídios é passível de assumir duas feições. Estes instrumentos podem ser usados com a função de fornecer um estímulo de sentido positivo à alteração de comportamentos para moldes mais sustentáveis ou com o intuito de reduzir o impacto económico negativo causado pela introdução de medidas de protecção do equilíbrio ecológico. Na primeira modalidade, os subsídios podem ter como objectivo fornecer um estímulo aos sujeitos económicos a que desempenhem um papel activo na conservação do equilíbrio ecológico ou às empresas a que contribuam para a eliminação da poluição, quer através da redução das suas emissões poluentes em valor superior ao fixado na lei, quer através da investigação e do desenvolvimento de tecnologias limpas[241]. Enquanto instrumentos de incentivo ao investimento em tecnologias de controlo da poluição, eles são, contudo, ineficazes e ineficientes. Porquanto, os investimentos em causa têm que provocar um acréscimo do custo privado marginal de produção e do custo privado médio de produção, pois, se assim não for, os agentes económicos, por sua própria iniciativa e sem a necessidade de atribuição de qualquer auxílio, procedem à sua realização. E quando este incremento de custos ocorre, só um apoio que cubra a totalidade da despesa pode estimular a sua execução[242]. O que iria contra o PPP. Além de que estes subsídios são, ainda, ineficazes não só porque reduzem os custos privados do produto ao qual estão associados encargos ambientais, contribuindo, assim, para o agravamento destes encargos (na medida em que a disparidade entre os custos privados e os custos sociais aumenta), como também pelo facto de, ao concederem um tratamento preferencial a apenas um dos factores produtivos que podem ser utilizados no combate à degradação ecológica, introduzirem distorções na utilização desses factores. Normalmente, opta-se por subsidiar a aquisição de equipamentos, pela relação estreita que estes têm com o processo produtivo[243]. O que pode ter como consequência um investimento excessivo neste tipo de meio de controlo da poluição[244], a escolha de uma inadequada via de tratamento do problema (*v.g.*, elegendo sistemas dispendiosos, e por isso com uma maior componente de ajuda pública no seu custo, mesmo quando não são esses os preferíveis para o caso concreto) e/ou a eleição de períodos de tempo subóptimos para a realização dos investimentos (quer antecipando-os quer prolongando-os por um período excessivo de tempo, como forma de reagir contra a incerteza que está associada à concessão de auxílios)[245]. Além de se considerar que este sistema pode encorajar as empresas a maximizar as suas emissões no momento anterior à sua aplicação com o objectivo de recolha de maiores montantes de subsídio. E, ainda que seja mais eficiente a adopção de uma estratégia preven-

---

[241] Sobre a crítica que é feita à utilização de subsídios como forma de estimular a redução das emissões poluentes, ver M. JACOBS, *The Green Economy*, London, 1991, pp. 137-138, PEARCE e TURNER, *Economics of Natural Resources and the Environment*, London, 1990, pp. 107-109, HANLEY, SHOGREN e WHITE, *Environmental Economics in Theory and Practice*, 3ª Ed., London, 1997, pp. 73-75.

[242] Ver, entre outros, A. KNEESE, *The Political Economy of Environmental Quality. Environmental Pollution: Economics and Policy*, The American Economic Review, Vol. 61, N. 2, May 1971, pp. 153 e ss., p. 163.

[243] Esta tendência para o favorecimento das soluções de fim de linha está patente na afirmação do MINISTÉRIO DAS FINANÇAS, Grupo de Trabalho constituído pelo Despacho N. 130/97-XIII do Ministro das Finanças, *Reavaliação dos Benefícios Fiscais*, Cadernos de Ciência e Técnica Fiscal, N. 180, Lisboa, 1998, p. 103: "dada a difícil quantificação, e por vezes identificação, dos tratamentos alternativos das emissões poluentes (relativamente aos tratamentos à saída) entende-se também que os mesmos não devem ser contemplados [por um regime de benefícios fiscais]".

[244] A. HANNEQUART, *L'Intégration des Coûts de la Pollution dans le Calcul Économique*, Revista Gallega de Administración Pública, Année 93, 1973, pp. 26 e ss., p. 53.

[245] *Ibidem*.

tiva, se a utilização de tecnologias que eliminem as emissões poluentes for subsidiada, será por estas que o agente económico optará, e já não, *v.g.*, pela substituição de matérias-primas poluentes por outras menos danosas para o ambiente[246]. O processo de tomada de decisão será, assim, em qualquer dos casos, deformado. Com os inevitáveis custos que tal causa à economia. Os sistemas de subsidiação actualmente em vigor têm, pois, que ser modificados de modo a integrarem uma recompensa à prevenção e uma maior neutralidade face às várias opções técnicas possíveis.

Por outro lado, também enquanto apoios à construção de estações de tratamento de resíduos esta espécie de medidas não parece ser aconselhável. Porquanto, as mesmas não fornecem um incentivo à utilização dos serviços em causa por parte dos agentes económicos. Estes, quando não sejam penalizados pelo encaminhamento daqueles resíduos para outros pontos que não os locais de tratamento, optarão pela estratégia que lhes acarrete menos custos, a qual consiste na não utilização daquelas instalações. Uma vez que o uso destas envolve despesas. Este meio não é, assim, apto a, só por si, desincentivar ou prevenir a degradação do ambiente. Apenas a concessão de subsídios acompanhada de um sistema de coerção conseguirá realizar essa tarefa.

O recurso a este tipo de instrumento com o objectivo de incentivar os agentes económicos a reduzir as suas emissões, mediante a concessão de um subsídio por cada unidade de emissões que seja abatida, pode-se considerar eficaz a nível individual e ineficaz a nível da indústria[247]. Esta ineficácia justificar-se-á pela expansão que, nestas circunstâncias, a indústria sofre com a entrada de novas empresas no mercado[248]. Pois, o subsídio, ao dilatar a margem de lucro, exerce uma atracção sobre os investidores. A ocorrência ou não deste crescimento e a sua dimensão dependem, no entanto, da elasticidade da oferta e da elasticidade da procura. Quanto menos elásticas estas forem, menor será a probabilidade de ocorrer o referido alargamento. Neste aspecto, os resultados que uma política de subsídios produz no longo prazo só coincidirão com os efeitos da aplicação de um imposto com o mesmo fim se existirem barreiras à entrada das empresas no mercado. O que corresponde a uma situação excepcional. Assim, a concessão de apoios não combinada com outras medidas constitui, em regra, uma solução indesejável em abstracto, pelo efeito negativo que tem sobre a estrutura da indústria poluente/receptora dos auxílios, ao promover, no longo prazo, a sua expansão[249].

---

[246] Leia-se, *v.g.*, A. KNEESE, *The Political Economy...*, 1971, p. 163.

[247] Ver, entre outros, J. HARFORD, *Firm Behavior Under Imperfectly Enforceable Pollution Standards and Taxes*, Journal of Environmental Economics and Management, Vol. 5, N. 1, March 1978, pp. 26 e ss., pp. 41-42, e OCDE, *Taxation and the Environment...*, 1993, p. 24.

[248] Além de que na ausência do subsídio em causa um número superior de empresas abandonaria a indústria — OCDE, *idem*.

[249] Ver, para maiores desenvolvimentos, BAUMOL e OATES, *La Teoría...*, 1982, pp. 207-229, e PEARCE e TURNER, *Economics...*, 1990, p. 109, HANLEY, SHOGREN e WHITE, *Environmental...*, 1997, pp. 73-75.

Note-se, contudo, que os rendimentos obtidos com os tributos ecológicos são frequentemente distribuídos sob a forma de ajudas aos agentes económicos que reforcem o seu respeito pelo ambiente, devido ao facto de não se conseguir fixar a taxa daqueles em níveis suficientemente elevados para fornecer o incentivo necessário à alteração dos comportamentos para moldes mais sustentáveis. A concessão de subsídios servirá, então, fundamentalmente, para reforçar o sinal dado ao mercado por outros instrumentos de política ambiental[250].

Um outro risco associado à utilização desta abordagem do problema ambiental traduz-se no proteccionismo encapotado que, assim, pode vir a ser concedido a alguns agentes económicos. Uma vez que é difícil realizar o controlo da relação entre o montante do subsídio concedido e os objectivos ambientais visados. O que torna imprecisa a distinção entre subsídios justificados e injustificados e facilita o êxito de pressões exercidas no sentido do aumento do valor dos mesmos[251].

Refira-se, ainda, que as modalidades de auxílios normalmente adoptadas abstraem de qualquer ligação entre o montante marginal destes (um custo para a sociedade) e o dano social marginal provocado pela poluição a ser eliminada (o benefício que a sociedade irá auferir) e condicionam a obtenção da ajuda à entrada na indústria. O que não só não garante que o resultado da decisão que as entidades públicas tomaram seja um ganho líquido para a colectividade, como também distorce o funcionamento da economia[252].

Outro tipo de ajudas que é, frequentemente, propugnado tanto por ambientalistas como por políticos pouco "verdes" é aquele que é concedido às vítimas das externalidades. Esta forma de aplicação das receitas dos impostos ambientais é extremamente importante, na medida em que muitos projectos não serão desenvolvidos, ainda que o seu resultado se traduza num benefício líquido, se os que sofrem prejuízos com a sua implementação não forem compensados[253]. Esta espécie de auxílios pode assumir uma função de compensação ou uma função de incentivo. A primeira modalidade de ajuda é, todavia, indesejável em termos económicos, na medida em que pode constituir um estímulo à diminuição dos comportamentos de auto-protecção[254]. No que se refere aos auxílios atribuídos com uma função de incentivo, pode-se afirmar que serão, normalmente, concedidos tendo em conta o consumo que as vítimas das externalidades façam de

---

[250] Parece, contudo, que na prática esta possibilidade não tem sido plenamente aproveitada, ao serem concedidos subsídios sem que haja uma subordinação directa dessa atribuição à compatibilidade ambiental dos comportamentos. Ver, neste sentido, OCDE, *Environment and Economics*, 1985, p. 199.

[251] Este perigo conduziu, mesmo, à adopção da regra de "subsidiação zero", expressa no PPP — OCDE, *Taxation and the Environment...*, 1993, p. 25.

[252] T. PAGE, *Failure of Bribes and Standards for Pollution Abatement*, Natural Resources Journal, Vol. 13, October 1973, pp. 677 e ss., pp. 685-686.

[253] HOLTERMANN, *Alternative Tax...*, 1976, pp. 11-15.

[254] MOHRING e BOYD, *Analysing "Externalities"...*, 1971, p. 359, e T. PAGE, *Failure of Bribes...*, 1973, p. 690.

bens ou serviços susceptíveis de reduzir o impacto negativo destas[255]. Estes bens ou serviços podem funcionar como sistemas de prevenção ou de eliminação do dano. Contudo, tanto uns como outros serão, em princípio, comercializados no mercado e, se este funcionar correctamente, a afectação dos recursos à sua aquisição será já eficiente[256]. Pelo que a concessão deste tipo de ajuda irá introduzir uma distorção na economia. Porquanto, haverá um estímulo a que sejam adoptados os comportamentos subsidiados independentemente da sua maior ou menor adequação ao tratamento do problema. Assim, ainda que seja acompanhada da tributação das externalidades em causa, esta atribuição irá reduzir a eficiência pré-existente. E, por outro lado, esta via, apesar de poder reduzir a quantidade de dano sofrido, não contribui para a diminuição do montante de externalidades geradas. Ao contrário do que se verifica com um imposto que tenha como contribuinte o sujeito que detém o controlo, ainda que parcial, sobre a produção destas. São, pois, mais interesses de equidade do que de eficiência aqueles que são servidos através desta espécie de subsídios[257], compensando-se quem os recebe pelo consumo de externalidades que não pode evitar sem incorrer em custos adicionais. Assim, um subsídio, ainda que seja indesejável quando aplicado aos produtores, poderá ser útil em sede de correcção de externalidades provenientes do consumo, permitindo que o óptimo de Pareto seja atingido sem que, para isso, seja necessário colocar os sujeitos numa situação pior do que aquela em que se encontravam inicialmente[258].

Existem, no entanto, vários obstáculos à implementação da política ambiental através do recurso a medidas de auxílio. Pense-se na complexidade que envolve fazer um cálculo rigoroso das externalidades negativas associadas ao desenvolvimento de determinada actividade e dos benefícios resultantes para a sociedade da eliminação da poluição, dar uma expressão monetária a esses valores e dispor de informação suficiente para identificar os produtores aos quais se deve atribuir o auxílio, sob pena de, *v.g.*, se concederem subsídios para não produzir a agricultores proprietários de terras inférteis. Um outro problema reside na dificuldade em se fixar, no caso das ajudas atribuídas com base na diminuição das emissões, e dentro do único cenário a que se tem acesso, qual o nível mínimo de respeito ambiental elegível para a obtenção das mesmas. Se se optar por tomar como ponto de referência a quantidade efectiva de emissões produzidas pela empresa, está-se a desfavorecer as entidades que já investiram em mecanismos de combate à poluição, privilegiando quem mais polui[259]. Se, no entanto, se

---

[255] Para maiores desenvolvimentos, leia-se KOLM, *Les Pollués...*, 1973, pp. 322-324, e E. MISHAN, *Pareto Optimality and the Law*, Oxford Economic Papers, Vol. 19, 1967, pp. 255 e ss., pp. 275-281.

[256] Note-se que, normalmente, o funcionamento do mercado nestes casos não é perfeito por falta de informação. Mas esta falha deve ser corrigida através de campanhas de disseminação de informação, e não através do recurso a subsídios concedidos às vítimas da poluição.

[257] HOLTERMANN, *Alternative Tax...*, 1976, pp. 15-16.

[258] *Idem*, p. 11.

[259] Veja-se o exemplo da U.S. Steel, que, no início dos anos sessenta, na expectativa de vir a ser criado um sistema de controlo da poluição baseado nos valores que esta à data

adoptar como referência os valores médios da indústria, a recolha da informação necessária pode-se traduzir em custos e entraves significativos à implementação do sistema. Além de que, em qualquer uma das hipóteses, se mostrará necessária uma actualização periódica do ponto de referência[260].

Mas ainda que não se recomende a atribuição de subsídios para promover a alteração dos comportamentos para modelos ambientalmente mais sustentáveis, esta atribuição será útil para reduzir o impacto económico que a introdução de normas impositivas dessa mudança provoca nas empresas. Isto será assim especialmente em relação às novas unidades produtivas e aos novos produtos e processos, os quais são também os principais alvos daquelas normas, reduzindo-se, desta forma, o desincentivo que tal esforço legislativo causa à renovação do capital. Pelo que se tende a verificar uma posição mais favorável relativamente ao uso de auxílios à investigação, ao desenvolvimento e à introdução de novas tecnologias do que relativamente à concessão de auxílios em geral. Isto observa-se, em especial, quando as empresas não têm capacidade financeira para, no curto prazo, suportar esses custos ou quando se pretende acelerar a introdução de exigências de compatibilidade ambiental reforçadas[261]. Outra situação em que será de aconselhar o uso de sistemas de apoio é aquela em que agentes económicos localizados no mesmo mercado são, em virtude de factores aleatórios, afectados de forma diversa pelas emissões poluentes geradas por outros sujeitos. Contudo, o objectivo que melhor se conseguirá cumprir através da concessão destes auxílios será talvez o da compensação de perdas de competitividade. Por isso, muitos países recorrem a este tipo de instrumento como forma de evitar o perigo que a introdução isolada de impostos ambientais em pequenas economias abertas representa, quer para a competitividade internacional das mesmas quer para a sua sobrevivência no mercado nacional[262]. Refira-se, a este propó-

---

apresentava, fixou um ponto de referência tendo em atenção o montante total de emissões que seriam geradas se todo o equipamento existente fosse colocado a funcionar, incluindo algum que não era utilizado há já vários anos. Desta maneira, pretendia-se conseguir aumentar todos os anos, simultaneamente, o montante de emissões produzidas e a quantidade oficial de poluição eliminada. Ver T. PAGE, *Failure of Bribes...*, 1973, p. 684. Ver, para maiores desenvolvimentos, KAMIEN, SCHWARTZ e DOLBEAR, *Asymmetry Between Bribes and Charges*, Water Resources Research, Vol. 2, N. 1, First Quarter, 1966, pp. 147 e ss., p. 153, e T. PAGE, *Economics of Involuntary Transfers: A Unified Approach to Pollution and Congestion Externalities*, New York, 1973, pp. 682-686.

[260] OCDE, *Taxation and the Environment...*, 1993, p. 24.

[261] JACOBS, *The Green...*, 1991, p. 138.

[262] A adopção de direitos aduaneiros niveladores e a concessão de subsídios compensatórios são admitidas (artigo 30º do Tratado CE e artigos VI e XX, n.º 4 do GATT 94), ainda que de uma forma restritiva, como meio de equiparar os custos das empresas nacionais sujeitas a uma regulamentação ambiental rigorosa e o dos agentes económicos estrangeiros que exportam o seu produto para o território nacional sem estarem obrigados a respeitar tal espécie de regulamentação (*dumping ecológico*). Ver, para maiores desenvolvimentos, OCDE, *Summary Report of the Workshop on Environmental Policies and Industrial Competitiveness (28-29 January 1993)*, OCDE/GD(93)83, pp. 8-10.

sito, que as ajudas estatais são particularmente importantes no apoio às empresas durante a fase de introdução de um novo imposto sobre emissões poluentes, para evitar a mencionada perda de competitividade das empresas nacionais. Já que este tipo de imposto, normalmente, apenas se aplica a unidades produtivas localizadas no território do Estado que o cria. Contudo, para evitar que se distorça excessivamente a concorrência e para que haja um incentivo à adopção de medidas a favor da sustentabilidade pelas próprias empresas, a Comissão Europeia tem estabelecido como requisitos para a admissão destas ajudas que as mesmas sejam provisórias, não forneçam ao sector em causa um benefício líquido e que, de preferência, prevejam uma redução gradual ao longo do tempo da componente de apoio[263]. Esta intervenção tem, no entanto, que obedecer a regras muito rigorosas sempre que os subsídios em causa assumam a natureza de "auxílios estaduais", sob pena de consubstanciar violações da concorrência, quer à luz da legislação comunitária[264] quer à luz do GATT[265].

Também serão desejáveis os apoios concedidos a actividades geradoras de externalidades positivas, com o objectivo de as incentivar, sempre que o preço de mercado do bem ou serviço que lhes está associado é inferior ao preço que maximiza os benefícios sociais e ambientais resultantes da sua produção ou utilização. Os subsídios atribuídos, *v.g.*, às empresas de recolha e reciclagem de materiais usados ou aos agricultores que utilizam métodos de cultura biológicos integram esta categoria.

Assim, ao delinear-se um sistema de subsídios, por razões que serão, em princípio, outras que não as de eficiência, é, pois, necessário adoptar um conjunto de cautelas de modo a não contrariar os objectivos que presidem à política ambiental, a não introduzir distorções suplementares na economia e a não violar as normas comunitárias.

---

[263] Cf. Comunicação da Comissão sobre Impostos e Taxas Ambientais no Mercado Comum, COM (97) 9 final, 26 de Março de 1997, p. 14.

[264] Será considerada como um auxílio estadual, para efeitos do artigo 87º do Tratado CE, qualquer ajuda que seja "financiada por recursos públicos ou (...) determinada autoritariamente por um poder público, tendo como objectivo ou como efeito o favorecimento de determinada produção ou empresa e como resultado o falsear ou ameaçar falsear da concorrência, afectando, dessa forma, as trocas intra-comunitárias" — CLAUDIA SOARES, *Auxílios de Estado a Favor do Ambiente no Direito Comunitário*, RevCEDOUA, Ano II, N. 2, 1999, pp. 87 e ss., p. 88.

[265] Estar-se-á perante um auxílio estadual, nos termos do artigo XVI do GATT de 1994, sempre que uma prestação financeira é realizada por um Governo ou por outra qualquer entidade pública inserida na estrutura organizativa de um Estado, quer tal prestação se traduza numa transferência directa, efectiva ou potencial, de fundos ou de responsabilidades, numa não recolha de receitas que de outra forma passariam a integrar os recursos públicos, num fornecimento de bens ou serviços ou numa compra de bens.

2.3. Os fundos ecológicos

Os fundos de indemnização colectivos funcionam, à semelhança dos subsídios, como um suporte económico à solução dos problemas ambientais que não podem ser resolvidos através da aplicação estrita do princípio da responsabilização, quer apoiando a indemnização das vítimas quer financiando a restauração do ambiente. O PPP, enquanto princípio de imputação de custos[266], visa a individualização do poluidor, e não a identificação do responsável[267]. Mas, por vezes, a identificação dos responsáveis pelo dano ambiental não é possível. Tal acontece, v.g., nalguns casos de cargas poluentes acumuladas ("inquinação constante e duradoura dos solos, das águas e do ar através de produtos ou resíduos provenientes de actividades industriais"[268]) ou na hipótese de a perturbação do equilíbrio ecológico ter sido causada pela combinação inesperada e imprevisível de elementos poluentes emitidos por um determinado agente económico (elementos esses que têm um impacte ambiental negligenciável quando sejam isoladamente considerados) com outras substâncias já presentes no meio, mas cuja existência e efeito catalisador não são conhecidos pela ciência. Note-se que, ainda que o poluidor esteja obrigado a suprimir as perturbações ao ambiente, o PPP, neste caso, não o obriga a suportar os custos de implementação de medidas de precaução[269]. Outro entrave à colocação em funcionamento do instituto da responsabilidade civil pode advir da dificuldade em se provar a culpa do causador do dano. Por sua vez, quando o emissor da poluição é indeterminado, o instituto da responsabilidade civil não funciona. O esquema jurídico bidimensional é espartilhado na dimensão ambiental, onde as relações poligonais são mais frequentes. Pense-se, a este propósito, na relação existente entre a entidade pública que autoriza a criação de uma indústria, a própria indústria e os sujeitos que sofrem as consequências da poluição que ela emite[270]. No caso de danos ambientais continuados, pode ser impossível apurar quem os provocou e, por isso, também a reparação destes através da via tradicional da responsabili-

---

[266] SOUSA FRANCO, "Ambiente e Economia", *Textos. Ambiente*, Lisboa, 1994, pp. 131 e ss., pp. 137-139.

[267] Ver, para maiores desenvolvimentos, GOMES CANOTILHO, "A Responsabilidade por Danos Ambientais — Aproximação Juspublicística", in INA, *Direito do Ambiente*, Lisboa, 1994, pp. 397 e ss., p. 401, e SOUSA ARAGÃO, *O Princípio...*, 1997, p. 149, que funda a sua posição na interpretação da Recomendação 75/436 (EUROATOM, CECA, CEE), JOCE n.º L 194 de 25 de Julho de 1975, pp. 1-4, e, em especial, na sua nota n.º 2, onde se pode ler: "[a] noção de poluidor, tal como é definida nesta frase não afecta as disposições relativas à responsabilidade civil".

[268] GOMES CANOTILHO, *Direito Público do Ambiente*, Curso de Pós-Graduação promovido pelo CEDOUA e a Faculdade de Direito de Coimbra no ano de 1995/1996, Coimbra: polic., 1995, p. 27.

[269] Ver, neste sentido, SOUSA ARAGÃO, *O Princípio...*, 1997, p. 154.

[270] GOMES CANOTILHO, *Relações Jurídicas Poligonais Ponderação Ecológica de Bens e Controlo Judicial Preventivo*, RJDUA, N. 1, Junho 1994, pp. 55 e ss., pp. 56-58.

zação não é viável. Os fundos em causa desempenham também um papel fundamental quando o responsável pelo dano ecológico não tem capacidade financeira para o eliminar, reparar ou compensar. Entraves estes a que se pode, por vezes, vir juntar, ainda, um outro, traduzido na fixação pelos tribunais do montante da obrigação de indemnizar em valores inferiores ao dano. A criação de fundos ambientais pode, além disso, permitir alcançar danos que através dos mecanismos tradicionais não poderiam ser corrigidos, como sejam, *v.g.*, os danos ecológicos propriamente ditos. Outra situação em que a existência de fundos ecológicos pode ser bastante útil verifica-se quando há a necessidade de conceder auxílios destinados à reparação de danos causados ao ambiente no passado, v.g., mediante o saneamento dos locais poluídos, e em relação à qual as empresas não têm qualquer dever jurídico[271/272]. A dificuldade em fazer funcionar o instituto da responsabilidade[273] ou em obter o ressarcimento por parte do sujeito responsável, devido à sua insuficiente capacidade económica e à falha na cobertura deste risco através do recurso ao mercado segurador[274], pode, assim, ser

---

[271] "Fundos criados no Japão, EUA, Canadá e Holanda desempenham esta função quanto à poluição do ar ou das águas. Em França tem sido pedida a criação de fundos de indemnização no domínio da poluição pelos ruídos do tráfego aéreo, e atómico e na Alemanha no que se refere à poluição do ar" — LEITE DE CAMPOS, *Poluição Industrial e Responsabilidade Civil*, Revista da Ordem dos Advogados, Ano 42, 1982, pp. 703 e ss., pp. 723-724.

[272] Note-se que quando não seja possível imputar a responsabilidade pela reparação de danos ambientais a um sujeito concreto, os auxílios atribuídos com vista à sua eliminação ou atenuação não são abrangidos pela hipótese legal do n.º 1 do artigo 87º do Tratado CE. Uma vez que não se traduzem num benefício para uma ou mais empresas individualizadas, requisito necessário à aplicação do mencionado artigo. Pelo que a sua admissibilidade dependerá da concordância que demonstrem em relação às restantes normas comunitárias.

[273] Sobre as perspectivas de evolução da responsabilidade civil ambiental, ver SILVA LOPES, *Dano Ambiental: Responsabilidade Civil e Reparação sem Responsável*, Revista Jurídica do Urbanismo e do Ambiente, N. 8, Dezembro 1997, pp. 31 e ss., pp. 53-54.

[274] O recurso ao mercado segurador para cobrir o risco de ocorrência de dano ambiental "não contraria o PPP, já que o sujeito económico contribui para o custo médio das medidas de controlo da poluição através dos pagamentos que realiza à entidade que assume esse risco" — OCDE, *The Polluter-Pays Principle. OECD Analyses and Recommendations*, OCDE/GD(92)81, ponto 27. Constituem, no entanto, obstáculos à criação de um mercado segurador do risco ambiental a falta de bases para juízos probabilísticos e as especiais incertezas que caracterizam este tipo de risco. Dificuldades estas que são actualmente patentes na exclusão que as empresas seguradoras fazem de riscos específicos, na limitação que estabelecem à cobertura de danos inesperados (com a consequente exclusão das medidas reparadoras de danos causados pela poluição gradual) e na fixação que impõem aos segurados de montantes máximos de cobertura. Apesar destas dificuldades, há interesse em coagir os agentes económicos à realização de um seguro, tal como faz o artigo 43º da nossa Lei n.º 11/87, de 7 de Abril, para as "actividades que envolvam alto grau de risco para o ambiente". Pelo envolvimento que, dessa forma, se conseguiria do sector segurador na tarefa ambiental, transformando as entidades que o compõem em "supervisoras e censoras das empresas industriais, pois poderiam autorizar ou recusar a actividade da empresa, mediante a concessão ou negação do seguro, consoante o seu nível de risco" — CARLOS LOBO, *Imposto Ambiental...*, 1995, pp. 26-27. Ainda que tal opção possa vir a exigir, por razões puramente económicas,

contornada através da criação destes patrimónios autónomos que "atribu[a]m ao lesado um direito a reparação pelo fundo, em concorrência, ou em substituição, do seu direito de exigir indemnização do poluidor"[275/276]. Este instrumento servirá, assim, para garantir a reparação do dano, ou, pelo menos, a indemnização do lesado, e para prevenir a verificação do acto causador da lesão, sempre que seja possível tomar medidas nesse sentido. Note-se, todavia, que este tipo de fundos pode ser criado não só através da afectação da receita de impostos ambientais mas também de receitas de outros impostos[277].

---

uma intervenção estatal de apoio às PME para quem o prémio de tal seguro se torne financeiramente insuportável. Auxílio este que, no entanto, apresentará como custo a redução do desincentivo que a medida em causa consubstancia.

[275] LEITE DE CAMPOS, *Poluição Industrial...*, 1982, p. 723.

[276] Ver, neste sentido, LEITE DE CAMPOS, *Poluição Industrial...*, 1982, p. 724, que refere, como exemplos, o caso do fundo canadiano para indemnização dos danos causados pela poluição marítima e do fundo holandês para indemnização dos danos causados pela poluição do ar e das águas.

[277] O Hazardous Substances Superfund (uma das componentes do United States Hazardous Substance Response Fund, mais conhecido por *Superfund*), *v.g.*, é, em parte, alimentado com receitas provenientes de impostos (quer ambientais quer a-ambientais) — REVESZ e STEWART, "The Superfund Debate", in Richard L. Revesz (ed.), *Foundations of Environmental Law and Policy*, Oxford, 1997, pp. 249 e ss., p. 251. Em Portugal, está em vigor um sistema que tem semelhanças com esta modalidade de constituição. Trata-se de um meio pontual a que o Governo recorre para compensar a Petrogal dos investimentos que esta empresa está obrigada a realizar no âmbito do Programa Auto-Oil II. Os recursos a utilizar neste apoio serão provenientes da afectação de uma parte das receitas do Imposto sobre Produtos Petrolíferos (cujo valor total se prevê que atinja, em 1999, o montante de 459.800.000 contos — Mapa I do OE para 1999) a um fundo especial a ser colocado à disposição da Petrogal. Note-se que a afectação da receita do mencionado imposto a um fundo especial não é novidade entre nós — MINISTÉRIO DAS FINANÇAS, *Estruturar o Sistema Fiscal...*, 1998, p. 266. Sobre esta modalidade de constituição dos fundos ambientais, consulte-se, ainda, MORAIS LEITÃO, *Civil Liability for Environmental Damage: a Comparative Survey of Harmonised European Legislation*, Tese apresentada no Instituto Universitário Europeu, Florence, 1995, p. 90.

III. A Resposta do Imposto Ambiental

O custo marginal de reduzir determinado tipo de poluição não é o mesmo para todos os agentes económicos. Assim sendo, a solução mais eficiente (isto é, a que faz a sociedade incorrer no menor custo para eliminar uma certa quantidade de emissões poluentes) é aquela que não impõe a todos os poluidores a realização do mesmo esforço, conferindo-lhes flexibilidade para elegerem a solução mais adequada para o seu caso. Os instrumentos de incentivo económico parecem ser os mais propícios à realização dos objectivos pré-definidos ao menor custo. Uma vez que permitem que cada poluidor, que é quem está melhor apetrechado com a informação necessária, escolha os meios mais compatíveis com as suas características para atingir os fins eleitos pela sociedade[278]. Os instrumentos económicos, em especial os impostos ambientais, podem, ainda, contribuir para a redução deste encargo social de duas maneiras. Por um lado, permitindo diminuir os custos associados à protecção do equilíbrio ecológico, ao actuarem preventivamente[279] e ao eliminarem a necessidade de sobrecarregar a Administração, em virtude da possibilidade de, *grosso modo*, se recorrer à máquina tributária já instalada. Por outro lado, permitindo gerar receitas, as quais podem ser utilizadas quer na prossecução da política ambiental quer na redução de outras componentes do sistema fiscal responsáveis por distorções no funcionamento da economia.

Enquanto os mecanismos de comando e controlo não só não dispõem de um sistema sancionatório ajustado ao nível de incumprimento verificado, como também não fornecem qualquer incentivo a que se atinjam níveis de qualidade ambiental superiores aos exigidos por lei. O que pode precludir ou atrasar até um momento em que já se tenham verificado danos irreversíveis uma resposta efectiva a ameaças recentemente descobertas[280/281]. Os instrumentos económicos transmitem aos agentes produtivos um estímulo contínuo e permanente[282] a que,

---

[278] Para maiores desenvolvimentos, consulte-se, *v.g.*, Osculati, *La Tassazione...*, 1979, pp. 51-54, e Baumol e Oates, *La Teoría...*, 1982, pp. 167-173.

[279] Opschoor e Vos, *The Application of Economic Instruments for Environmental Protection in OECD Member Countries*, Paris, 1989, p. 9.

[280] Ackerman e Stewart, *Reforming Environmental Law,* 1985, pp. 1359-1360.

[281] O recurso das autoridades portuguesas aos mecanismos impositivos em desfavor dos instrumentos económicos pode, assim, talvez explicar porque, do montante total do investimento no domínio da gestão e protecção ambiental realizado pelas empresas a operar no nosso território, 16,2 milhões de contos foram em equipamentos e tecnologias de fim-de-linha e só 4,5 milhões em tecnologias integradas — Instituto Nacional de Estatística, *Estatísticas do Ambiente, 1997*, Lisboa, 1999, p. 73.

[282] González Fajardo, *Estrategias Reguladoras...*, 1987, p. 169.

no longo prazo, procedam à redução das suas emissões poluentes, diminuindo o seu nível de actividade, substituindo produtos mais propícios a gerar desequilíbrios ecológicos por outros com menor aptidão para o fazerem, modificando o elenco ou a combinação de factores produtivos, desenvolvendo e instalando novas tecnologias que sejam aptas a promover a sustentabilidade[283] ou adoptando técnicas inovadoras de controlo daquelas emissões[284]. Porquanto, qualquer uma destas vias permite reduzir o custo associado à obtenção de determinado nível de qualidade ambiental e/ou diminuir a responsabilidade fiscal do poluidor[285]. Assim, a longo prazo, um imposto, quando comparado com um sistema de restrições quantitativas, tem a vantagem de fornecer um incentivo à redução progressiva não só dos níveis de emissões, como também dos custos de eliminação destas. Porquanto, os benefícios a retirar de uma redução dos custos marginais de controlo e dos níveis de emissões serão maiores no caso de existir um imposto que incida sobre estas do que no de serem adoptadas medidas de natureza administrativa.

A adopção de instrumentos fiscais produz, ainda, um impacto positivo sobre a dimensão das indústrias poluentes, ao desencorajar a entrada de novas empresas no mercado[286]. A concessão de subsídios tem, neste aspecto, um efeito oposto. Pois, este mecanismo, apesar de desencadear uma redução do nível de emissões geradas por cada unidade produtiva, dá lugar ao seu aumento no que se refere ao conjunto da indústria, devido à atracção que o mesmo exerce sobre os potenciais investidores. As medidas de natureza administrativa, especialmente as que se traduzem na imposição de uma tecnologia, por sua vez, tendem a impor um encargo desproporcionado às novas fontes poluentes, dificultando a concessão de autorizações de início de actividade industrial, com atrasos, incertezas e aumento dos custos na atribuição das licenças, enquanto as empresas já instaladas conseguem adiar, através de sucessivas reclamações graciosas e impugnações contenciosas, a aplicação das normas[287]. E a criação de regimes excepcionais para a indústria já existente constitui um incentivo à manutenção em funcionamento das fontes mais poluidoras, distorcendo, mesmo, a decisão dos agentes económicos no sentido de renovar a sua capacidade instalada.

---

[283] O caso do Japão, país que apesar de ter um preço elevado para a energia, em consequência, entre outras razões, da carga tributária que recai sobre esta, é dotado de elevada competitividade, é um exemplo de como os instrumentos económicos podem estimular a inovação tecnológica — MANUEL PORTO, *Teorias da Integração...*, 1997, p. 353.

[284] Para maiores desenvolvimentos relativamente aos efeitos que os tributos ecológicos têm sobre a inovação tecnológica, consulte-se OSCULATI, *La Tassazione...*, 1979, pp. 81-107. W. GERSTENBERGER, *The Influence of Policies to Enhance Energy Efficiency on Corporate Innovation Activity*, European Economy, N. 1, Special Edition, 1992, pp. 203 e ss., em especial pp. 213-220, estabelece uma ligação entre o aumento do preço da energia, ou a expectativa do seu aumento, e a inovação tecnológica, desde o início dos anos 70.

[285] OCDE, *Environment and Economics*, Paris, 1985, p. 190.

[286] D. SPULBER, *Effluent Regulation and Long-Run Optimality*, Journal of Environmental Economics and Management, Vol. 12, N. 2, June 1985, pp. 103 e ss., pp. 105-108 e 116.

[287] ACKERMAN e STEWART, *Reforming Environmental Law...*, 1988, p. 174.

Por outro lado, no caso de se optar pela utilização de mecanismos económicos na promoção do equilíbrio ecológico, o controlo das decisões políticas por parte da opinião pública é muito mais fácil do que quando se recorre ao uso de medidas de natureza administrativa[288]. Porquanto, no primeiro caso, o Estado apenas fixa os limites para a poluição autorizada (por exemplo, através da determinação da taxa do imposto). O debate democrático centra-se, assim, no essencial: quais os riscos que devem ser controlados e em que medida o devem ser[289]. Perguntas estas para as quais não pode haver uma resposta tecnocrática e que são capazes de ser entendidas por todos. O que, além de impulsionar a eficácia do processo de ajustamento de prioridades, fomenta uma maior responsabilização das autoridades públicas na tarefa de criar e defender o ambiente. Ao mesmo tempo que se libertam recursos que são essenciais para a recolha da informação necessária à feitura dessas opções estruturantes. Enquanto, no segundo caso, ao se proceder à regulamentação de meio por meio, elemento poluente por elemento poluente e tecnologia por tecnologia, está-se a envolver o processo de decisão num véu de tecnicismo que o torna inacessível ao cidadão comum, depositando todo o poder nas mãos das burocracias.

Mas não só não existe uma garantia absoluta de que a utilização de impostos ambientais conduza sempre a ganhos de eficiência e de eficácia, porquanto, os resultados positivos que lhe são apontados pela literatura parecem depender da verificação de um conjunto de condições que nem sempre se observam na realidade (*v.g.*, que os poluidores exibam diferentes CME, os mercados sejam perfeitamente competitivos e os agentes económicos, mas não o legislador, disponham de toda a informação, os dados com base nos quais a sociedade decide sobre qual é a combinação produtiva que expressa uma afectação óptima de recursos coincidam com aqueles em que os agentes económicos fundam as suas opções de produção e de consumo, e a vítima da poluição não seja quem está em condições de a eliminar ao menor custo)[290] e da disponibilidade de informação por parte do legislador a que este nem sempre tem acesso, como também os custos económicos, sociais e políticos associados ao referido uso podem ser relevantes. Pelo que a decisão sobre o recurso a estes instrumentos deve ser tomada tendo em conta o cenário real que lhe está subjacente e as implicações de diversa natureza que o mesmo envolve. As vantagens apontadas pela literatura aos impostos ecológicos podem ser exageradas, não só em virtude de o termo de

---

[288] R. STEWART, *Markets versus Environment?*, Jean Monnet Chair Papers, Florence, 1995, p. 8.

[289] R. STEWART, *Controlling Environmental Risks Through Economic Incentives*, Columbia Journal of Environmental Law, Vol. 13, 1988, pp. 153 e ss., p. 160.

[290] BAUMOL, *On Taxation...*, 1972, pp. 307-321; T. PAGE, *Failure of Bribes...*, 1973, p. 691; POSNER, *Economic...*, 1992, p. 377; S. SMITH, *"Green" Taxes and Charges...*, 1995, pp. 15-16; M. JACOBS, "Sustainability and 'the Market': A Typology of Environmental Economics", in Robyn Eckersley (ed.), *Markets, the State and the Environment: Towards Integration*, London, 1996, pp. 46 e ss., p. 57.

comparação adoptado serem, frequentemente, medidas de natureza administrativa excessivamente inflexíveis, mas também por, no mundo real, as dificuldades que se levantam à implementação destes instrumentos serem numerosas. Quando se tenta transpor para a realidade os gravames concebidos pelos economistas, os ganhos que efectivamente se obtêm ficam muitas vezes àquem dos que se esperavam, devido às restrições que tanto as instituições já existentes como os interesses instalados impõem ao seu funcionamento. Note-se, contudo, que estes problemas não justificam que se abandone o uso de tributos na defesa do equilíbrio ecológico mas que se atenda aos factores que condicionam o seu funcionamento aquando da concepção e implementação dos mesmos, de modo a aproximar o mais possível os resultados obtidos dos que são previstos pelos modelos económicos.

Um outro argumento, desta vez fundado na equidade, pode ser usado contra a adopção de instrumentos fiscais na resolução dos problemas ecológicos. Esta oposição justifica-se por duas ordens de razões: a tributação ambiental, por um lado, obriga o poluidor a suportar custos superiores àqueles a que, segundo o PPP, estaria obrigado[291] e, por outro, tem, frequentemente, associado um cariz regressivo. Uma vez que o PPP, no seu sentido tradicional, significa que o poluidor deve suportar os custos de prevenção, controlo e eliminação das emissões poluentes até o óptimo social ser atingido, mas não os custos do dano causado por este nível óptimo de contaminação[292]. Daqui resulta que o poluidor tem a prerrogativa *de facto* de gerar esse montante de poluição sem ficar obrigado a qualquer pagamento à sociedade ao contrário do que se observa, em regra, quando se recorre ao uso de impostos ambientais[293]. Relativamente ao perigo de os gravames ecológicos serem susceptíveis de desencadear, em termos económicos, um impacto negativo sobre a distribuição do rendimento, note-se, contudo, que não só o facto de alguns impostos ambientais poderem ter um carácter progressivo, como, *v.g.*, os que incidam sobre o combustível[294], é susceptível de permitir compensar, pelo menos em parte, a regressividade que esteja associada a outros tributos ecológicos, como também existe a possibilidade de serem adoptadas outras medidas que anulem essa regressividade. Mas a determi-

---

[291] Ver, para maiores desenvolvimentos, P. PEZZEY, "Market Mechanisms of Pollution Control", in R. K. TURNER (ed.), *Sustainable Environmental Management: Principles and Practices*, London, 1988, pp. 196 e ss., pp. 196-242, HAHN e NOLL, *Environmental Markets in the Year 2000*, Journal of Risk and Uncertainty, Vol. 3, 1990, pp. 351 e ss., p. 359, e I. HODGE, *Environmental Economics*, London, 1995, p. 91.

[292] OCDE, *The Polluter-Pays Principle. OECD Analyses and Recommendations*, OCDE/ GD(92)81, ponto 1.1.b).

[293] Ver, entre outros, HODGE, *Environmental Economics*, 1995, p. 91, e LESSER, DODDS e ZERBE, JR., *Environmental Economics...*, 1997, p. 149.

[294] Os EUA serão uma excepção. Neste país, um imposto sobre combustíveis tem um impacto regressivo, devido à utilização generalizada de automóveis particulares — OCDE, *Taxation and the Environment...*, 1993, p. 76. São também os EUA que lideram a lista dos maiores poluidores em termos de emissões de dióxido de carbono — S/ A., *Emerging-Market Indicators*, The Economist, 17 August 1996, p. 88.

nação da existência ou não de um efeito distribucional regressivo deve fazer-se tomando como referência um cenário de adopção de outra qualquer espécie de medida de defesa ambiental, e não um de "tudo como dantes". Porquanto, hoje, este último já não representa uma opção política.

Contudo, não deve ser ignorado o impacto macroeconómico e estrutural sobre o nível de produtividade, de emprego e de preços que a fixação de elevados impostos ambientais (especialmente se se traduzirem em impostos sobre os combustíveis ou os factores de produção) provoca. Este impacto, que será especialmente grave no caso de o país que adopta o imposto ecológico ser uma pequena economia aberta e de essa adopção se fazer de modo isolado relativamente aos demais países que operam no mesmo espaço económico, depende em grande medida das possibilidades tecnológicas de substituição de cada sector e, no caso das empresas exportadoras, do facto de os seus concorrentes estarem ou não sujeitos a um imposto semelhante. Os Estados que desejem promover o equilíbrio ambiental dentro do seu território com recurso aos instrumentos fiscais podem, no entanto, buscar modos de atenuar o problema em causa, *v.g.*, através da reciclagem da receita obtida com o mesmo na diminuição da carga fiscal que incide sobre o trabalho, na devolução de pelo menos parte do montante cobrado a título de imposto às empresas exportadoras mais tributadas (princípio do destino[295]) ou tributando as importações nos sectores afectados pelo gravame ecológico no mesmo montante que a indústria nacional[296]. Contudo, não só estes ajustamentos são difíceis e custosos de realizar, como também a legislação comunitária e a ordem jurídica internacional representam um entrave à sua adopção. O ideal é, então, o avanço conjunto de todos os países que integram um mesmo espaço económico.

Receia-se, ainda, que as resistências políticas às correcções do nível de tributação que os valores observados na realidade impõem ao legislador fiscal constituam um obstáculo à fixação do imposto em níveis eficazes face ao crescimento económico, com uma inevitável redução progressiva da qualidade ambiental. É, contudo, possível responder a esta dificuldade através da indexação dos tributos à inflação verificada[297] e à expansão da indústria[298].

---

[295] Lembre-se que os artigos 90° e 91° do Tratado CE consagram o princípio do destino. Para maiores desenvolvimentos, leia-se, *e.g.*, A. AMATUCCI, *Aspectos Fiscales del Acta Unica Europea*, Revista de Derecho Financiero y de Hacienda Pública, Vol. 39, N. 200, Marzo/Abril 1989, pp. 505 e ss., pp. 508-509.

[296] OCDE, *Summary Report of the Workshop on Environmental Policies and Industrial Competitiveness (28-29 January 1993)*, OCDE/GD(93)83, 1993, pp. 8-9, e BARDE, "Environmental Taxation: Experience in OECD Countries", 1997, p. 242.

[297] Para maiores desenvolvimentos, veja-se, entre outros, I. MAGNANI, *Considerazioni sugli Aspetti Economici e Finanziari dell'INVIM*, Rivista di Diritto Finanziario e Scienza delle Finanze, Anno 34, Vol. 34, Parte I, 1975, pp. 491 e ss., pp. 506-508, e L. TOSI, "Il Requisito di Effettività", in Andrea Amatucci (direc.), *Trattato di Diritto Tributario*, Padova, 1994, Vol. I, Tomo I, pp. 321 e ss., p. 370.

[298] Ver, neste sentido, R. STEWART, *Regulation, Innovation, and Administrative Law: a Conceptual Framework*, California Law Review, Vol. 69, 1981, pp. 1259 e ss., p. 1329.

Outro problema que se aponta ao uso de impostos ambientais resulta do facto de a capacidade recaudatória de um gravame ecológico em sentido próprio evoluir no sentido inverso à sua eficácia. Já que, por razões de neutralidade fiscal, teria que se proceder a uma substituição dos impostos tradicionais por esta nova realidade tributária aquando da sua criação e, sendo a evolução das receitas destes gravames decrescente, tal pode suscitar o problema de saber o que fazer quando as mesmas passem a ser insuficientes para a cobertura das despesas públicas. Em termos políticos, seria muito difícil regressar aos gravames tradicionais depois de o seu abandono ter sido explicado com base na filosofia errada que lhes subjaz (isto é, a penalização daqueles que contribuem para o aumento do "monte comum") e na distorção que os mesmos causam à economia. Este problema tem, por isso, constituído uma das principais objecções de ordem política levantadas à adopção de impostos ambientais em sentido próprio[299]. Contudo, na realidade a situação ideal não se verifica e esta espécie de tributos continua a apresentar um efeito fiscal. Pois, não só a eliminação total das emissões poluentes é indesejável tanto numa perspectiva ambiental como numa perspectiva económica, como também, em virtude das tendências de crescimento populacional e económico, é possível antecipar um aumento dos problemas ambientais.

Nota-se, entre a classe política, algum receio de que a adopção significativa de tributos ecológicos envolva uma desaceleração do crescimento económico, em virtude de tal representar uma transferência de recursos do sector privado para o sector público. Movimento este a que, em regra, está associada uma pressão inflacionista e uma perda de eficiência. Todavia, os ganhos económicos que podem advir do desenvolvimento tecnológico, das melhorias na produtividade, das reduções das falhas do mercado, das vantagens auferidas por alguns sectores tradicionais mais aptos à adaptação célere às novas condições e da criação de emprego nos sectores económicos emergentes das novas exigências ambientais devem ser também contabilizados como ganhos proporcionados à economia pela adopção do imposto ecológico. E ao eliminar-se, pelo menos parcialmente, as externalidades, está-se a contribuir para um funcionamento mais eficiente da economia. Este ganho, quando seja correctamente aproveitado, pode traduzir-se numa melhoria do nível de vida.

A OCDE considera que o impacto que a adopção de tributos ambientais pode ter sobre a balança comercial e o investimento é negligenciável, excepto no que se refere a um imposto sobre o dióxido de carbono[300]. Contudo, tal pode

---

[299] PERRONE CAPANO, "L´Imposizione e l´Ambiente", in Andrea Amatucci (direc.), *Trattato di Diritto Tributario*, Padova, 1994, Vol. I, Tomo I, pp. 449 e ss., p. 482.

[300] OCDE, *Implementation Strategies for Environmental Taxes*, Paris, 1996, pp. 42 e 45. A OCDE, *Integrating Environment and Economy. Progress in the 1990s*, Paris, 1996, pp. 42-43, refere, a este propósito, o caso da Áustria e da Finlândia, que, durante os anos oitenta, conseguiram aumentar a sua quota de mercado internacional de produtos ambientalmente sensíveis, apesar dos elevados níveis de despesa em protecção ambiental que as respectivas economias tiveram que suportar.

explicar-se pelo nível reduzido em que estes tributos têm sido implementados, carecendo-se, ainda, de dados empíricos suficientes para se aferir o seu verdadeiro impacto quando assumam uma dimensão que lhes garanta eficácia. Pelo que, apesar de todos os ganhos potenciais que estes gravames podem trazer à economia, não se pode descurar o risco de níveis elevados de tributação ambiental adoptados isoladamente por um número restrito de países poderem ameaçar a capacidade competitiva e de atracção de investimento dos mesmos e, consequentemente, o funcionamento da sua economia.

Em determinados casos, mostra-se, no entanto, desaconselhável o uso isolado de impostos ecológicos para promover a qualidade do ambiente, pela incapacidade de estes lidarem com o problema observado ou de o fazerem em tempo útil ou de modo eficiente, isto é, sem desencadearem uma perda de bem-estar colectivo superior ao que permitem ganhar. A certeza quanto aos custos e a falta de certeza quanto aos resultados que estão associadas aos impostos ecológicos desaconselham a sua utilização, *v.g.*, nos casos em que estão em causa elementos poluentes de elevada perigosidade ou em que a mudança súbita das condições ambientais ocasiona situações consideravelmente graves. Note-se que quando seja impossível ou proibitivamente custosa a medição das emissões poluentes, nem o imposto ambiental nem todo e qualquer instrumento de natureza administrativa será uma solução viável. Lembre-se, ainda, que, em princípio, os tributos ambientais se mostram instrumentos adequados à prossecução, no longo prazo, do fim a que se destinam, mas carecem da rapidez na capacidade de resposta que, por vezes, é necessária e de que os mecanismos administrativos são dotados. É para a alteração de comportamentos, de processos produtivos ou de hábitos de consumo e para a promoção do desenvolvimento tecnológico que os eco-impostos apresentam especial apetência. Mas estes são efeitos que não se produzem de imediato. Porquanto, é difícil antecipar com rigor a reacção dos agentes económicos a determinado nível de gravame e, após este ter sido fixado, requer-se um período de resposta, o qual não só não é negligenciável, como também é, normalmente, incerto. São, por isso, necessárias medidas de natureza administrativa para fazer face a situações de emergência[301].

Note-se, ainda, que se devem evitar medidas fiscais que promovam a adopção de estratégias de transferência do problema (transferência do risco ou do dano ambiental no espaço ou no tempo) e de comportamentos descoordenados, porque os custos que estas acarretam para a sociedade são superiores aos benefícios que lhe permitem auferir. Pois, se forem adoptadas medidas que não incentivem a que se diminua a quantidade de recursos utilizados, a produção das emissões poluentes que contribuem para o desequilíbrio ecológico continuará,

---

[301] Ver, neste sentido, BAUMOL e OATES, *La Teoría...*, 1982, p. 186, e MOHL e DICKEN, *Die CO_2-/Energiesteuer als Hauptelement einer ökologischen Steuerreform*, Natur und Recht, Heft 7, 1996, pp. 328 e ss., p. 333.

ainda que quem venha a sofrer com este seja outra jurisdição ou outra geração[302]. Um instrumento que, *v.g.*, permita ao poluidor evitar as suas responsabilidades através da transferência das emissões para outro meio deve ser recusado, pela manutenção ou aumento do desequilíbrio ecológico que por essa via se opera. Se, por exemplo, determinado tipo de emissões poluentes lançadas na atmosfera for tributado, mas o mesmo já não acontecer se o meio inquinado for a água, o sujeito passivo do imposto pode evitá-lo, diluindo os elementos em causa e lançando-os em seguida no ecossistema sob a forma líquida, e já não sob a forma gasosa. Com este comportamento subtrai-se à sua responsabilidade fiscal sem ter eliminado ou, sequer, reduzido o dano ecológico que lhe é imputável. Podendo, mesmo, acontecer que este tenha sofrido um aumento, pelo equilíbrio mais frágil de que goze o meio para o qual se desvia a poluição[303]. A possibilidade de ocorrer um fenómeno de transporte deve, assim, ser prevista pelo legislador, sob pena de, com a intervenção, se estar a agravar o problema em vez de se contribuir para a sua resolução[304].

---

[302] KNEESE, *The Political Economy...*, 1971, p. 156.

[303] OSCULATI, *La Tassazione...*, 1979, pp. 37-38.

[304] Note-se que as tecnologias de fim-de-linha (*end-of-pipe technologies*) são particularmente susceptíveis de provocar o fenómeno de deslocação do problema, por serem soluções energético-intensivas, substituindo as emissões poluentes que visam tratar pelo consumo de energia e, em princípio, pela libertação de dióxido de carbono e outras substâncias sob a forma gasosa — ANDERSEN, *Governance...*, 1994, p. 187.

IV. O Imposto Ambiental e a Taxa Ambiental

A nível económico é indiferente que se utilize uma taxa ou um imposto na "sinalização" dos comportamentos danosos para o ambiente. Mas a nível jurídico existe uma diferença entre o uso de um e de outro instrumento. Enquanto o imposto busca a internalização das externalidades em geral, isto é, tenta realizar um determinado nível de qualidade ambiental sem impor uma relação de estrita proporcionalidade entre o valor pago pelo contribuinte-poluidor e o custo que ele provocou[305]. A taxa, pelo contrário, traduz-se numa contraprestação de uma vantagem individual proporcionada pelo Estado que incumbe a quem dela aproveita. Este nexo sinalagmático (*Entgeltlichkeit*), que está ausente no caso do imposto[306], torná-la-ia, assim, à primeira vista, mais propícia à internalização dos custos externos, como determina o PPP, do que o imposto[307]. Já que ao princípio da internalização é inerente uma ideia de causa e só a taxa é apta a gravar de modo rigoroso e directo a responsabilidade pela produção de custos (externos) susceptíveis de ser individualizados[308]. Mas ainda que teoricamente sejam as taxas (tributos bilaterais) o instrumento mais adequado à aplicação do PPP, na prática verificam-se alguns obstáculos a que assim seja. Esta figura não constitui sempre o mecanismo mais adequado à redistribuição dos encargos suportados pelo Estado com a defesa do equilíbrio ecológico. Pois, a ideia que podia servir de fundamento a esta afirmação — a de que a divisibilidade do benefício concreto que é proporcionado pelo Estado permite que se determine a magnitude do pagamento a realizar pelo sujeito que dele aproveita tendo em conta a proporção em que o mesmo é auferido — não se verifica em todos os casos em que a utilidade em causa é de natureza ambiental. Uma vez que, quando se trata do ambiente, tal divisibilidade se mostra, por vezes, irrealizável[309]. A difícil identificação do sujeito que provoca os custos a internalizar, devido à interacção causal e ao número elevado de agentes, bem como a complexa, ou, mesmo, impossível[310], tarefa de quantificação destes custos (ou da valia do bem ambiental afec-

---

[305] Casalta Nabais, *O Dever Fundamental...*, 1998, p. 266.

[306] Leia-se C. Cosciani, *Scienza delle Finanze*, 8ª Ed., Torino, 1977, pp. 381-382, e Tipke, *Steuerrecht*, 8ª Ed., Köln, 1981, p. 53.

[307] Ver, entre outros, Casalta Nabais, *O Dever Fundamental...*, 1998, p. 653.

[308] J. Lang, "Der Einbau umweltpolitischer Belange in das Steuerrecht", in R. Breuer (ed.), *Umweltschutz durch Abgaben und Steuer, 7, Trierer Kolloquium zum Umwelt-und Technikrecht vom 22. bis 24. September 1991*, Heidelberg, 1992, pp. 79 e ss., p. 86.

[309] Pense-se, *v.g.*, no caso em que a utilidade auferida pelo particular advém da utilização da capacidade assimilativa do ambiente.

[310] Refira-se a este propósito a poluição difusa.

tado)[311], pode tornar impraticável medir o valor de uso do ambiente[312]. O que obriga a que o "princípio da causa" apenas se possa utilizar como critério orientador na determinação do gravame. Além de que, no cálculo da taxa, não se impõe uma estrita obediência ao *Kostendeckungsprinzip*[313].

A concordância entre a distribuição de encargos que a taxa opere e o princípio da capacidade contributiva e o PPP só será, pois, garantida se se desvirtuar esta figura[314]. Assim, cessa o argumento, fundado na equidade, que clamava a favor do uso permanente deste instrumento na redistribuição dos custos ambientais, em virtude da sua estrutura "retributiva, e não contributiva"[315]. Não se esqueça, por outro lado, que os impostos também podem cumprir essa função redistributiva. Isso será conseguido, por exemplo, através do recurso à consignação de receitas fiscais[316].

Atente-se, agora, na outra dimensão exigida aos meios de defesa ecológica. A taxa, tal como o imposto, pode funcionar como um estímulo à mudança comportamental. Mas tudo depende da forma como for desenhada. Por exemplo, uma taxa cobrada pela recolha de resíduos que seja calculada em função do montante destes poderá exercer um impacto positivo sobre as escolhas do poluidor. Mas, ainda que se admita que no seu cálculo se ultrapasse o custo gerado pela prestação pública, aceitando-se que esta figura assuma uma função intervencionista, coloca-se um limite à determinação do montante a pagar: este tem que manter alguma ligação com o encargo ou o valor da prestação recebida. Porquanto, só assim não se perderá o nexo sinalagmático que caracteriza a taxa. O que condiciona a sua potencialidade para desempenhar a função em análise[317]. Limite a que o imposto não está submetido, em virtude de poder ser fixado com base em critérios políticos[318].

---

[311] Arriola Palomares, "'Impuestos y subvenciones' para la defensa del Medio Ambiente", in *Ponencias y Comunicaciones del Seminario sobre instrumentos jurídicos y económicos para la protección del Medio Ambiente*, Asturias, 1991, pp. 221 e ss., p. 224.

[312] Note-se que a fixação da taxa tendo em conta o valor de mercado da utilidade auferida pode ser extremamente difícil, ou, mesmo, por vezes, impossível, e se nesse cálculo se atender ao benefício obtido pelo sujeito está-se a aproximar essa figura de um imposto sobre o rendimento — Martín Queralt e Lozano Serrano, *Curso de Derecho Financiero y Tributario*, Madrid, 1994, p. 103.

[313] Casalta Nabais, *O Dever Fundamental...*, 1998, p. 261.

[314] Rosembuj, *Los Tributos y la Protección...*, 1995, p. 238.

[315] Baena Aguilar, *Protección Impositiva...*, 1995, p. 12.

[316] Para maiores desenvolvimentos, leia-se Gawel e Ewringmann, *Lenkungsabgaben und Ordnungsrecht*, Steuer und Wirtschaft, 1994, Band 4, pp. 295 e ss., em especial pp. 297-298.

[317] Ver, neste sentido, Gómez Verdesoto, *Las Tasas por Gestión de Residuos. Su Precedente en la Normativa Comunitaria y su Reflejo en la Ley Reguladora de Residuos de Cataluña*, Noticias de la Unión Europea, N. 122, 1995, pp. 69 e ss., p. 71, e Falcón y Tella, "Las Medidas Tributarias Medioambientales y la Jurisprudencia Constitucional", in *Derecho del medio ambiente y Administración local*, Madrid, 1996, pp. 671 e ss., p. 679.

[318] E. Weizsäcker, *Política de la Tierra: Una Política Ecológica Realista en el Umbral del Siglo del Medio Ambiente*, 3ª ed., Madrid, 1992, p. 168.

Não será, então, correcto atribuir, em regime de exclusividade, uma função redistributiva à taxa e uma função incentivante ao imposto. Ambas as figuras são aptas a desempenhar, em maior ou menor grau, as duas funções. Contudo, a taxa parece, neste aspecto, apresentar maiores constrangimentos. Pelo que será aconselhável que a mesma funcione como um apoio ao imposto, devendo este, sim, constituir o fulcro da fiscalidade ambiental[319].

---

[319] Ver, neste sentido, entre outros, M. RODI, *Umweltsteuern. Das Steuerrecht als Instrument der Umweltpolitik*, Baden-Baden, 1993, pp. 64 e ss., T. ROSEMBUJ, *El Tributo Ambiental*, Barcelona, 1994, p. 26, e JIMÉNEZ HERNÁNDEZ, *El Tributo Como Instrumento...*, 1998, pp. 105-106.